朝日が明かす中国の嘘

田中正明
編著

高木書房

まえがきに代えて

北陸の山村に、千年ものあいだ脈々と囲炉裏の「元火」を絶やさず守り続けている農家があるという。時代が変わり、世代が交替し、様々な出来事がある中でここまで続いていることは凄いことである。

昭和二十年八月、日本は戦争に敗れＧＨＱ（連合国最高司令部）の占領下に置かれた。そこで矢継ぎ早にくり出された日本弱体化指令により、我が国の長い歴史は断絶させられる危機的状況にあった。

そんな中にあって田中正明氏は、一冊の本を出版すべく秘密裏で作業をすすめていた。そしてついに昭和二十七年四月二十八日、日本が主権を回復したその日に『真理の裁き・パール日本無罪論』を発刊したのである。

この作業は、まさにＧＨＱの政治宣伝に敢然と立ち向かうことであった。ということは千年の囲炉裏に似て、我が国の「元火」を守って下さったように思えてならない。

現在、我が国においてようやく歴史認識の問題が声高に叫ばれるようになったが、その根元をたどってみると必ずと言っていいほど、この本に行き着く。それほどこの本は重要な意味を持っている。

その後『パール博士の日本無罪論』として長年版を重ね、平成十三年に小学館文庫より『パール判事の日本無罪論』として復刻された。

田中氏は、戦前、日中両国民の固い協力を柱に全アジアの団結と解放を志す「大アジア協会」の機関紙『大アジア主義』の編集長であった。同時に松井石根大アジア協会長の秘書も兼務していた。「大アジア協会」は孫文の思想を基調としている。

その松井会長が、東京裁判で南京攻略戦の責任者として起訴され処刑された。このことの憤りが、田中氏の言論活動の原点になっている。しかし、それは単なる私憤ではなく「公憤」なのである。なぜなら松井大将の名誉を回復することが、国民に刷り込まれたＧＨＱの政治宣伝の呪縛《じゅばく》を解く鍵になるからである。

それとは逆に、東京裁判の呪縛に大きく加担してきたのが朝日新聞である。それ故、田中氏の言論とは対立関係にある。

最近、郵便ポストに朝日新聞の試読紙が入っていた。「時は明治十二年、鹿鳴館時代より以前に朝日新聞は誕生しました」という言葉とともに「伝統」の二字も大書してあった。長くメディアの役割を正しく果たしてきたと言いたいのであろうが、何をもって伝統というのか大いに疑問である。

本書の主題である昭和十二年の南京攻略戦について現在の朝日新聞は、「南京大虐殺」はあったとする論調である。ところが当時の朝日新聞の記事からは、とても大虐殺があったとは想像できない。もし現在の論調を押し通すなら、当時の記事は出鱈目《でたらめ》だということになる。

朝日新聞が「伝統」を宣伝文として謳《うた》うのであれば、同じ新聞紙上であるにもかかわらず過去の報道と現在の報道が違うことに対して、今一度自問していただきたいのである。

本書の編集に協力させていただいたポイントは、まさにこの一点につきる。

戦前戦後を通して、我が国を代表するクォリティー・ペーパーと自賛する朝日新聞が、昭和十二年の南京攻略戦をいかに伝えてきたか。それを読者諸賢に見ていただきたい。そしてドイツにおける「ホロコースト（大虐殺）」に比肩しうるような「南京大虐殺」なるものが、あったのかなかったのか、ぜひ検証していただきたい。

それによって多くの国民に真実が明らかになるであろう。明らかになれば朝日新聞は、昭和十二年十二月の一連の記事を出鱈目でしたと謝罪することなしに、今後は「南京大虐殺」があったなどと報道することはできなくなるであろう。

半世紀にわたって「南京大虐殺」の虚構を糺《ただ》してこられた枯淡清冽な田中正明氏の強《きょう》靭《じん》な精神に、戦後生まれの一人として、感謝と敬意を表す次第である。

平成十五年四月八日

水間政憲

目次

第三章　南京攻略戦への道

第四章　南京攻略戦が大虐殺にすり変わった真相

第五章　占領下の南京の実相

第六章　戦争と政治宣伝

第七章　平時の政治宣伝

本書は、戦前の新聞記事などの資料や証言を使用しており、掲載された当時、及び証言された時と現在との情勢の変化を考慮し、言葉遣い、用語等、若干の修正を行いました、尚、原文の内容を損なわないよう、一部現在では不適当とされる表現も登場しますが、あえて原文のママとしたところもあります。

序章

蒋と松井との出会い

松井石根《いわね》の志は、陸軍大学校（陸大）時代から日支提携とアジア諸民族の復興・独立にあった。それは同郷の東亜問題の先覚者荒尾精《あらおせい》の思想を敬慕したゆえんである。

従来、陸大の軍刀組は欧米の駐在武官となり、それ以下は東亜や中南米の武官と相場がきまっていた。しかし松井は早くから支那語や書道・漢詩を勉強し、自ら進んで支那駐在を希望したのである。

当時、上海には孫文《そんぶん》の中国革命を支援する滬軍《こぐん》都督陳其美《ちんしび》が松井を歓迎した。彼が経営する保定の振武学校の卒業生に蒋介石《しょうかいせき》がいた。松井は陳の紹介で蒋に会った。蒋は当時二十歳。日本の陸軍士官学校（陸士）への留学を希望していた。松井は大いに励まし支援を約束した。

明治四十年四月蔣介石は日本の陸士に留学し、松井はその翌年帰国してもとの参謀本部に勤めた。四十四年十月、辛亥《しんがい》革命が成功し、孫文が臨時総統に就任したのを機会に、蔣介石は帰国、国民党に入党した。それまで蔣介石の滞日中、松井は親身になって蔣の相談相手となり、高田の聯隊から東京へ戻って来たとき、下宿の保証人など身辺の面倒を見たのである。

「西南遊記」と西安事件

昭和十年十二月、松井は北支と満州を視察した。たまたま北支に自治運動が盛りあがり、つぶさにその状況を視察するに、曲りなりにも日中協調の方向に進んでいるので松井は安心した。しかるに蔣介石の南京政府はいまだに中南支の大勢を掌握しておらず、日中関係も排日侮日運動が盛んであり、政局も安定していない。

そこで松井は、南京政府の安定と日中和平政策を進展させるためには、西南軍閥の動静をさぐることと、これらの軍閥と南京政府との協力関係を強めることが必要であると考え、西南遊説を企画した。

松井大将はまず陸軍、外務当局とも謀《はか》り、広田外相はじめ旧来の同志とも相談して、私

（田中）を秘書として伴い、昭和十一年二月四日、東京を出発した。

松井大将が、台湾、厦門《アモイ》、仙頭《スワトウ》、香港を経て、広東に入ったのは二月二十日である。

松井は昭和八年に結成した大亜細亜協会の会長である。この協会は当時の陸・海・外務のアジアの独立、復興を志す中堅幹部や民間の論客、徳富蘇峰、平泉澄、鹿子木員信《かずのぶ》、村川堅固の三博士等錚々《そうそう》たるメンバー、理事長は出版協会々長下中弥三郎、事務局長は中谷武世法政大教授で、インド、ビルマ（現ミャンマー）、トルコ、フィリピン等の独立運動の駐日志士らも参画していた。大亜細亜協会の語源は、大正十三年（死の前年）孫文が神戸で講演した演題「大アジア主義」で、その思想までそのまま頂いたものである。松井は孫文の第二革命（大正二、三年袁世凱《えんせいがい》打倒）を支援した縁故もあり、思想的なつながりも深かった。松井は広東で胡漢民、陳済宗、李宗仁に会って、南京政府との提携を説得した。

また松井は二十四日、空路広西に赴き、白崇禧《はくすうき》を訪ねて蔣との提携と、孫文の大アジア主義精神の普及、日支の提携を説いた。大将の日誌『西南遊記』によると、両広の軍閥の中では白崇禧は傑出しており、その人格・識見・治政共に優秀であると讃えている。

松井は広東に帰り、再び胡漢民や陳済崇、李宗仁に会って、こう述べた。「君たちの恩師孫文先生は何と言われたか、派閥・軍閥等の小異を捨てて『中華民国』という一国を形成せよ、これが先生の遺言ではなかったか。蔣に気に食わない点があるかも知れないが、わしはこれから南京に行き蔣に会って、その欠点と排日政策を匡正《きょうせい》するよう勧告するつもりだ……。孫文先生の精神に還《かえ》ろうではないか」

ようやく三人は、それぞれ首肯《しゅこう》した。東京で二・二六事件が起き、政府首脳が暗殺された、との重大ニュースを受けたのは、広東の都ホテルであった。「閣下、帰られますか」との私の問いに、「いや、蔣に会うまでは帰らぬ」とキッパリ仰言《おっしゃ》った。

閣下が広東をあとにしたのは二月二十八日である。香港を経て、途中福州に上陸し、空路上海に着、上海では蔣の義弟宗子文《そうしぶん》とも会談した。

松井大将が西南軍閥に対しても、蔣に対しても、主張した言葉は、孫文先生は「日本なくして中国なし、中国なくして日本なし、中日の関係は唇歯補佐（くちびると歯の関係）で切っても切れない関係だ」と言われた。この孫先生の思想に還ろう、という主張であった。

会談が終って、松井閣下の歓迎パーティーが開かれた。何応欽《かおうきん》はじめ国民党の主要メンバーに雨宮中佐も参加して、盛大な会となった。

松井閣下の西南→南京旅行は、実に四十五日間にわたる「日中友好育成のための長遊説の旅」であった。

松井大将は帰国するとすぐ広田弘毅《こうき》首相に面接して、中国の実情と日中外交の将来について、暫《しば》らくは安泰である旨を告げ、対蔣政策に対し意見具申をした。

だが、この年の十二月十二日、西安事件が突発した。共産党と内通していた張学良《ちょうがくりょう》に、蔣介石が拉致され、虜《とりこ》となったのである。

この事件により、松井大将の積年の努力は一空に帰し、この西安事件が支那事変の原因となり、さらには大東亜戦争、朝鮮戦争の遠因となるのである。

蔣介石の暗涙

岸信介先生は石橋首相の病気辞任により、一九五七（昭和三十二）年二月首相に就任した。岸内閣に課せられた重大任務は、日米安全保障条約の改定交渉の成立であった。

この安保改定に反対するいわゆる《六〇年安保闘争》なるものは、左翼や労組はもとより、青年・学生層まで「アンポ・ハンタイ！　キシヲ・タオセ！」を叫んで、デモ隊は連日国会を包囲した。だが、岸首相は泰然として動ぜず、新条約を強行単独採決して、今日の日米安保条約の基礎を築いたのである。

内閣総辞職後も岸先生は、親台湾・韓国の大物政治家として、友邦の首脳とも親交が篤《あつ》かった。ことに蔣介石とは昵懇《じっこん》の間柄であった。その岸さんがある時、安保闘争の当時、終始岸首相に味方して、安保改定に協力した若者を集めてこう言われた。
「君たち台湾を視察する気はないか。台湾は将来の日本の安全にとっても、日米安保の将来にとっても、重要な場所だ。君たちにその気があるなら、蔣介石総統にわしから手紙を出して依頼するがどうか」といわれた。

かくして編成されたのが、陸軍画報社々長中山正男氏を団長とする五名の台湾視察団である。私もその一人に加わった。昭和四十一（一九六六）年九月十九日、羽田空港を発って台北の松山空港へ。空港には外交部長はじめ、多くの役人や新聞記者の出迎えを受けた。さすがに岸先生の紹介である。われわれは蔣総統の命により、到る所で〝準国賓的〟な待遇を受けた。

翌日は蔣 経国《しょうけいこく》、厳《がん》行政委員長との会談と招宴。そして、昭和四十一年九月二十三日、台湾総督府にて蔣総統と会見した。

蔣介石総統はすでに八十歳。口辺に笑《え》みを浮かべ、好々爺《こうこうや》といった感じだ。何応欽将軍はじめ多くの要人も同席した（写真は禁止とのこと）。総統は一段と高い所に坐をしめ、まず岸先生の近況と皆さんの台湾視察の感想はどうでしたか、と質問された。中山団長が詳細に報告し、この度の旅行に際しての行き届いたご配慮とご接待に対して深く感謝する旨を述べた。

暫く懇談ののち、私は総統に敬礼してから、「私はかつて閣下にお目にかかったことがございます」と申しあげた。すると「いつ？　どこで？」と訊《たず》ねられた。「昭和十一年三月に松井石根閣下にお伴して、南京でお目にかかりました」と申しあげた。

松井大将の名を耳にされた瞬間、蔣介石の顔色がサッーと変わりました。目を真赤にし、涙ぐんで「松井閣下にはまことに申訳ないことを致しました」と私の手を堅く握りしめて、むせぶように言われた。私は驚いた。一同も　総統のこの異様な態度に驚いた。

あれほど支那を愛し、孫文の革命を助け、孫文の大アジア主義の思想を遵奉したばかりか、留学生当時から自分（蔣）を庇護し、面倒を見て下さった松井閣下に対して何ら酬《むく》いることも出来ず、ありもせぬ「南京虐殺」の冤罪《えんざい》で刑死せしめた。悔恨《かいこん》の情が、いちどに吹きあげたものと思われる。

蔣介石は私の手を二度、三度強く握って離さず、目を真赤にして面を伏せた。

蔣介石は八十八歳でこの世を去るまで、松井大将の冥福を祈ったときく。

第一章　朝日新聞はどのように報道していたか

報道に見る事実

「軍の検閲によって自由な報道が規制されて、真実が報道できなかった」

とは、戦前の報道に対して戦後言われてきた言葉である。本当だろうか。

南京攻略戦には百人を超す内外の記者がいた。そのうちの一人、朝日新聞の従軍記者のキャップとして入城した橋本登美三郎上海支局次長は、阿羅健一氏の「当時の報道規制をどう感じましたか」という質問に次のように答えている。

「何も不自由は感じていない。思ったこと、見たことはしゃべれたし、書いていたよ」

ということは、朝日新聞が報道していた南京攻略戦の記事は、真実を伝えていたと判断しても差し支えないといえる。

では、その朝日新聞が当時の状況をどのように報道してきたのか。そのいつくかを朝日新聞の縮刷版より拾い上げてみる。

南京陥落前と後に分けて、順次、記事を検証していく。

陥落前の南京と周辺状況

南京攻略戦前の南京とその周辺の状況がどんなであったかを記事を追って示すことにする。

『南京動揺を來す』（南京特電五日発）

南京攻略戦の研究者でも、南京市民の大量避難は昭和十二年十一月に入ってからとの認識である。ところがこの記事には「……突如南京政府が『日支の全面的開戦近づき南京市中も戰禍の巷と化すかも知れないから官吏の家族は至急離京するやうに』……」と記載されている。

ということは、八月五日の時点で中国側は、日本との全面戦争を予定して挑発していたことと判断できる。

日本側が開戦を決定づけるきっかけとなったのは、次に示す八月四日の通州事件と、八月九日の大山中尉惨殺事件である。

八千四百三十五號　（一）C

南京・動搖を來す
不吉續き・大量避難

【南京特電五日發】

昭和十二年八月七日掲載

『痛恨断腸の地・衂られた通州』（いづれも八月四日撮影）

通州での邦人虐殺事件は、現在も一部メディア以外では封印されていると言ってもよい。当時国民は、まだ日支全面戦争との認識をもっていなかった。その中でのこの事件は、号外がでるほどの大事件で全国民を震撼《しんかん》せしめた。

129 號外

昭和十二年八月八日号外

解説は、第三章「通州で中國人に日本人二百數十名虐殺される」、第六章「封印された通州での大虐殺」を参照。

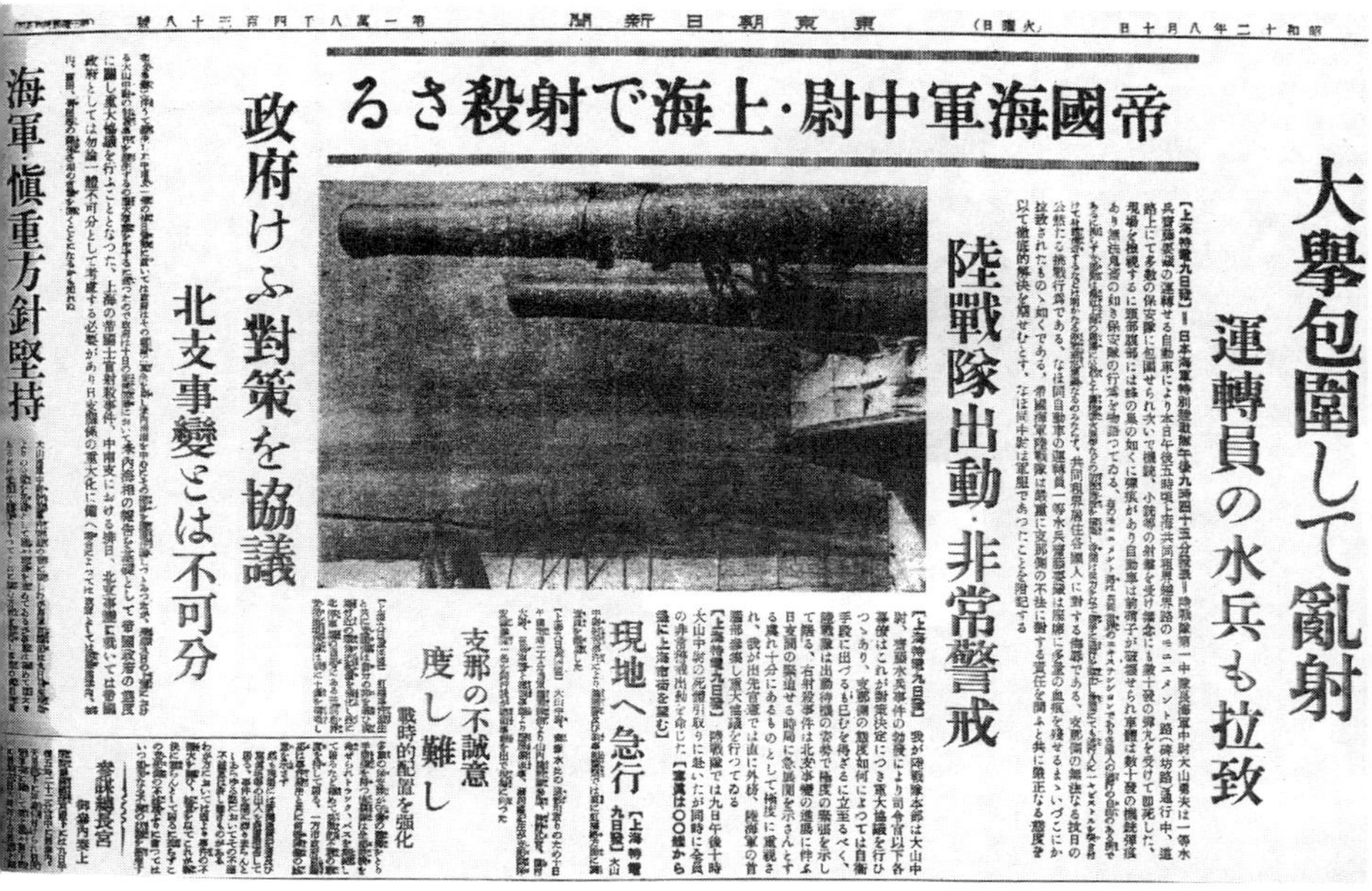
東京朝日新聞

帝國海軍中尉・上海で射殺さる

大擧包圍して亂射
運轉員の水兵も拉致

陸戰隊出動・非常警戒

現地へ急行

支那の不誠意
度し難し
戰時的配置を強化

政府けふ對策を協議
北支事變とは不可分

海軍・愼重方針堅持

昭和十二年八月十日掲載

『帝國海軍中尉・上海で射殺さる』

（上海特電九日発）

この時すでに中国側は戦争を挑発していたにもかかわらず、日本側はまだ戦争不拡大の方針にあったことがうかがえる。「海軍愼重方針堅持」との見出しがそれを示す。しかし通州での邦人虐殺事件が号外として扱われたり、この大山中尉惨殺事件が起きるなど、この頃から国民も戦争を覚悟したよう推測される。

解説は、第三章「大山中尉惨殺事件が契機となり日支全面戰争」を参照。

『毒ガス弾下を衝く』

東京朝日新聞

着いたぞ〝歓喜の包み

毒ガス彈下を衝く——

人馬・マスクで進撃

敵兵の靈を弔ひ

戰線〝地藏流し〟

御坊部隊長の慈悲心

昭和十二年十月二十日掲載

毒ガスについて戦後の報道になじんだ人は、毒ガスを使用したのは日本側で中国側は一方的な被害者であるとの思い込みがある。中国もまたその立場を演じているが、この記事によると被害者は日本側で「人馬・マスクで進撃」と副題が付いている。

ここに掲載した記事を見て気付くように、〇〇にて濱野特派員とか、〇〇斎藤（一）河村両特派員を見ての通り、当時の検閲の実態が白ヌキで出ている。少し知識のある者が読むと、白ヌキの部分は簡単に解読できたそうである。

ＧＨＱが占領下に実施した記事の差し替えなどの完璧な検閲と比較すると、当時の我が国の検閲などかわいらしいものであった。

そして、十二月十二日の一面では『不法！毒ガスで逆襲』の記事が掲載されている。その内容は「この夜襲戰で斷末魔の敵はいよいよ本格的毒ガスを以て抗戰し來れること明かとなつた」とある。


『南京は大混亂（米紙報道）』（ニューヨーク特電十七日発）

平成六年八月「南京大虐殺」を経験したという中国人被害者の「証言」を聞くシンポジウムがあり、それに参加する機会があった。その証言は一様に、日本軍が入城して来るまで平穏に生活していたという。しかし、このニューヨーク・タイムズの記事を読むと南京陥落の約一ヵ月前には、すでにパニック状態になっていたことが報道されている。

南京は大混亂（米紙報道）

蜿蜒續く避難者群

絶望的パニック状態

【ニューヨーク特電十七日發】

英大使館は上海へ

米獨在留民も退去準備

【ニューヨーク特電十六日發】

昭和十二年十一月十八日掲載

「……政府首脳部は十六日終日重要會議を續行して最後の対策に腐心し要人を乗せた政府公用の自動車が物々しく避難民衆の中をすり抜けて異常の注意を惹いた。避難民衆は日本軍が今にも空、陸、水の三方から襲撃して來ると戰々兢々、我れ先にと争つて奥地へと逃れつつあるが鐵道、汽船のいづれもこの大量の避難民を一時に移動することは到底不可能の状態である。

しかもこの交通機關の不足は政府の高級官吏や富裕階級者達がその特権と財力を利用して自動車、汽船等を貸切るため益々一般民衆の混乱を増大せしめ絶望的なパニック状態を展開してゐる」

と記載されている。

第一萬八千五百四十五號

無名戰士よ眠れ

小川特派員撮影

昭和十二年十一月二十五日掲載

『無名戰士よ眠れ』（小川特派員撮影）

写真説明は「抗日の世迷ひ言にのせられたとは言へ、敵兵もまた華と散つたのである、戰野に骸を横へて風雨に曝された哀れな彼等、が勇士達の目には大和魂の涙が浮ぶ、無名の敵戰士達よ眠れ！　白木にすべる筆の運びも彼等を思へば暫し澁る優しき心の墓標だ、」とある。

このように日本軍に流れていた敵兵にたいする畏敬の念は、日露戦争の時、乃木将軍が露軍の戦没者将兵の墓をまず建立し、そのあと日本軍将兵の墓を建立して、三年のち日露両軍の慰霊祭を催行したことに通じている。

TOKYO ASAHI SHIMBUN　（日曜金）　日十月二十年二十和昭

東京朝日新聞

日本に渡す〝廢墟南京〟
狂氣・支那の焦土政策
數十億の富抹殺
〔外國軍事專門家の觀察〕

〔ニューヨーク特電八日發〕

南京入城刻々に
黎明の突

敗走

『日本に渡す〝廢墟の南京〟』（八日ニューヨーク特電）
昭和十二年十二月十日掲載

ここに紹介する記事の内容は、日本軍が南京に入城する前に、中国軍によってなされた南京の実態をT・ダーディン記者がレポートしたものである。

よく読んでいただきたい。東京裁判での判決や「大虐殺」があったとする論者は、略奪、放火、破壊などを全部日本軍の仕業として決めつけているが、実は中国軍によってなされたものである。

「……南京に踏み止まつてゐる外國軍専門家は最近四、五日間に亙つて城外竝に近郊の支那軍防備狀態を視察したがその暴狀には度胆を抜かれてゐる形である、即ち支那軍は何等の軍事目的もなくただ矢鱈にありと凡ゆる事物をぶち壞し燒拂つてゐるのであつて、專門的見地からすれば全て無意味で了解に苦しむものでそれは支那軍を毫も益せぬと同時に日本軍にとつても大した痛痒を與へぬと見るのが至當である、ただ建物が一軒もないので、日本軍はこれを宿營に當てることが出來ず、テントを使用せねばならぬと云ふ不利があるのみだ。それならば何故かう云ふ無謀が敢て行はれつつあるのか、この唯一の説明は支那軍がこの破壞行爲によって僅にその憤懣を漏らしてゐると云ふ怖るべき事實である。

支那軍の上下を通じて存在する〈日本軍には敵はぬ〉と云ふ劣性意識は彼等を驅つて狂氣の如き殘忍行爲をなさしめ、……其昔ヂンギスカンの大軍がかつては榮華を誇つた數々の大都市を一變して焦土と化せしめて以來現在揚子江下流沿岸地方におひて行はれつつあるが如き組織的な破壞が支那人自身の手によつて行はれたことはかつてないのである。日本軍の空襲、砲撃の與へた損害は殆んど軍事施設に限られてをり、これを全部合せてもなほ支那軍自身の手によつてなされた破壞の十分の一にも足らぬであろう。〈これは中立國の一軍事專門家が予（ニューヨーク・タイムズ特派員）に語つたところで同氏は更に語をつぎ〉

支那軍が今やっていることから推して自分は次のやうな結論に達せざるを得ない、卽ち支那は今後百年或ひはそれ以上この土地の支配權の恢復を全然豫期してゐないもののやうだ、それだから彼等は仇敵の所有に歸すべきこの土地を思ふ存分荒廢せしめてゐるのである。……氣狂ひ沙汰としか思はれないこの都市、村落の……富が根こそぎ抹殺され、もし破壞されなかつたならば近い將來支那政府……にとり有力な財源供給地であるが今や猛火の下に消え失せつつあるこの地方の復興のためには巨額の經費を必要とするであらう」

とあるが、この記述で明らかなように、中国人によって破壊された責任まで日本人が取る必要などどこにもない。

第六章『真相箱』と南京大虐殺、の中で引用した「陥落前の南京」は、ニューヨーク・タイムズのこのような記事を参考にしたのではないかと推察される。なぜなら、陥落前には日本軍は城内にはいなかったし、総攻撃も十日正午以降であるにもかかわらず、「真相箱」の原文では七日になっている。

このことから蔣介石が脱出した七日を総攻撃の合図と受けとめることのできたのは、城内にいた中国国民党軍であり、『真相箱』にある「陥落前の南京」に描かれている略奪、放火、破壊など、南京城内の行状は、そのまま中国軍の仕業と解釈してもさしつかえないであろう。

東京朝日新聞　昭和十二年十二月十日

皇軍・最後の投降勧告
けふ正午迄に回答要求
諄々南京敵将を諭す

勧告文全文

嚴然・降伏を待つ
中山門、光華門、通濟門に達し
陥落いまや一押し

颯爽・皇軍の意気
斷末魔の城

南京正に指呼

『皇軍・最後の投降勧告』（上海特電六日発）　昭和十二年十二月十日掲載

勧告文を一読すると、松井石根大将が中国を愛してやまない気持ちが伝わってくる。松井大将は陸軍大学校を首席で卒業したにもかかわらず、エリートが行く欧米ではなく自分が愛する中国を希望し、北京、上海など、中国に十六年間駐在武官として赴任していた。

中国側の南京大虐殺プロパガンダの不幸なところは、当時我が国陸軍きっての親中国派の代表的将軍であった松井大将を敵に回していることである。

なぜなら松井大将が総司令官として指揮した軍隊が、組織的に大虐殺をしたとする中国側の言い分は永遠に通ることはないからである。

勧告文の解説は第四章「日本軍は南京上空から和平の『投降勧告文』を撒布していた」を参照。

『敵の回答遂に來らず』

THE TOKYO ASAHI SHIMBUN

東京朝日新聞 夕刊

敵の回答遂に來らず

皇軍・斷乎攻略の火蓋

南京落城の運命迫る

城門外・日の丸の一色

朝香宮殿下の御重任

南京戰で三軍御統率

敵兵十萬籠城す

死物狂ひの防備強化

突入迫る南京城中華門

根本方針決す

昭和十二年十二月十一日掲載

中国国民党軍が、勧告を受け入れて降伏していれば、現在も問題になっている、南京大虐殺なる政治宣伝など存在していないのである。

解説は、第四章「勧告ビラを無視した中國軍（國民黨）」を参照。

陥落後の南京

この項で取り上げる掲載記事は、まさしく「南京大虐殺」の虚構を明らかにしてくれる重要なポイントであると言ってよい。誰がこの記事を読み、大虐殺があったと想像できるであろうか。

なのに「南京大虐殺」でよく言われる、東京裁判での二十万人虐殺とか、中国側がいいつのる三十万、四十万などの虐殺は、この記事が掲載された期間中に起きたことになっている。しかも、それがあたかも真実のように日本人の心に重くのしかかっている。

それに大きく影響しているのが勝者が裁いた東京裁判である。それがいかにおかしいものか。次に紹介する南京関係判決文の重要部分を読んでから、順次記事の内容と比較検証していただきたい。

「日本軍はその獲物に飛びかかつて際限ない暴行を犯したことが語られた。兵隊は個々、または集團で全市内を歩き回り、殺人・強姦・略奪・放火を行つた。中國人の男女子供を無差別に殺しながら歩き回り、遂には通りに被害者の死體が散亂したほどであつた。……南京占領後、最初二、三日の間に少なくとも一萬二千の非戦闘員の中國人男女子供が死亡した。

……日本軍が占領してから最初の六週間、南京とその周邊で殺害された一般人と捕虜の總數は二十萬であつたことが示されてゐる」（朝日新聞社編『東京裁判』）

『本社上空の南京攻略祝賀飛行』

昭和十二年十二月十三日掲載

南京の陥落を当時の日本国民はいかに受け止めたのであろうか。通州大虐殺、大山中尉惨殺など、国民党中国政府の反日、侮日運動に対し憤りのうちにあった。

その憤りを晴らしてくれる出来事であったようである。朝日新聞は祝賀飛行として伝えている。

一面には飛行している写真、二面の見出しは、またすごい。

「空のサーカス團亂舞、天地・祝勝に搖ぐ、街には千人音樂行進、蜿蜒五町の音波」とある。そして記事を読み進めていくと、空に飛んでいる民間機二十六機中五機が朝日新聞社機となっている。

七面には、吉川英治が「南京陥落に寄す、われらの將來の使命に任ず」、萩原朔太郎は「南京陥落の日に」を寄稿している。

『南京の公共防空壕から女這出す』

十四日、角野特派員撮影のこの一枚の写真は、日本軍入城後のすべてを物語っているといってよい。

「嚴しい戰の間女たちは耳を塞いで土鼠のやうにこの中に潜んでゐた、銃聲がやんで入城した日本軍の安民布告に女たちはいそいそと穴倉を這ひ出して來た」
南京陥落の翌日にあたるこの日、中国婦人には笑顔があり日本軍人も笑っている。

南京の公共防空壕から女這出す

十四日角野特派員撮影＝福岡支局電送

昭和十二年十二月十六日掲載

ところが東京裁判の判決通りとすると、保護されたこれらの中国人は、皆殺しになったことになっている。この写真で、それが想像できるであろうか。

東京朝日新聞　第二夕刊

萬歳の嵐・けふ南京入城式の壯觀

南京より本社幸風機空輸

本日午後南京に於て撮影直に本社機空輸卽夜速報

南京・福岡を三時間
入城式寫眞來る
幸風渡洋空輸に成功

『萬歳の嵐・けふ南京入城式の壮観』
昭和十二年十二月十八日掲載

「本日午後南京に於て撮影直に本社機空輸既夜速報」

この説明の通りとすると、当時の朝日新聞の機動力は何と凄いことか。感心させられる。

南京攻略後には約百二十人の新聞・雑誌の特派員とカメラマン、そのほか大宅壮一、小磯良平、小林秀雄、西条八十、草野心平、林芙美子、石川達三などの詩人、画家、評論家、作家も入城している。

この写真のどこかにいたのであろうが、戦後、組合運動に熱心な二〜

三人の新聞記者以外、だれ一人として虐殺事件を見たとか、噂に聞いたと証言したものはいない。

昭和十二年十二月十九日掲載

『我が布告を見て喜ぶ南京市民』

これは特集写真『孫文像黙して語らず』として掲載された中の一枚である。布告を張っている日本軍人に対し、後ろから覗いている中国人の姿はなんと長閑《のどか》な情景であろうか。巷間いわれている大虐殺があったとすると、張り終えた軍人が後ろの男女子供を殺したことになる。

組写真その一「平和甦る南京」　　　　昭和十二年十二月二十日掲載

南京報道には組写真がある。「平和甦る南京《皇軍を迎へて歓喜沸く》」である。「十七日河村特派員撮影」とあるから、南京占領五日目の写真である。

写真説明①兵隊さんの買ひ物　占領五日目に早くも露天商が出て、兵隊が銃も持たないで買物をしている。この日は松井軍司令官を先頭に入城式があった日である。南京攻略戦に参戦された須山道男さん（平成五年当時・七六）はこの写真を見て「なつかしいですネ、これが本当の占領直後の南京風景です。入城式のあった十七日の午後からは、銃も持たずに支那人街の露天をひやかして歩いた経験があります。この写真のように子供も大人も手製の日の丸の腕章をつけて、私たちに近づいてきましたよ」と言う。

②皇軍入城に安堵して城外の畑を耕す農民たち　南京には城内にも畑や丘がある。この写真を見ただけでも、平和が早くも甦ったという実感が湧くではないか。

③皇軍に保護される避難民の群　城外のどこかに避難していた市民は、城内がもはや安全とみて続々と帰ってきた。その市民を誘導している写真である。ここには護衛の日本兵の姿さえ見えず、市民の表情も明るい。光華門一番乗りを果たした歩兵三十六聯隊の西坂中さん（平成五年当時・七八）は言う。「われわれの部隊は占領十四日目には南京をあとにして上海に向かったが、その途中続々と南京に帰る避難民に遭った。シナ人はそうした情

平和甦る南京
皇軍を迎へて歓喜沸く

報にはすごく敏感だから逃げ足も早いが、安全とみればすぐ帰復します」と……。

④**和やかな床屋さん風景**　中華街の名物、街頭床屋である。子供も大人も手製の日の丸の腕章をして笑っている。占領五日目から床屋も露天商も店を開き、兵隊は武装なしで散歩していたことがわかる。

中国側の公式見解とされる、南京市文史資料研究委員会編『史料選輯《せんしゅう》　第四輯』（昭和五十八年刊）の日本語訳『証言・南京大虐殺』（昭和五十九年青木書店刊）によると、次のように記述している。

〈一九三七年十二月十三日、日本侵略軍

は南京を侵略占領し、南京の人民に対して六週間におよぶ人事を絶する悲惨な大虐殺をおこなった。無《む》辜《こ》のわが同胞で、集団殺戮に会い、死体を焼かれて痕跡をとどめなかった者は十九万以上に達し、また個別分散的に虐殺され、死体が慈善団体の手で埋葬された者は十五万人以上、死者総数は計三十余万人に達した〉

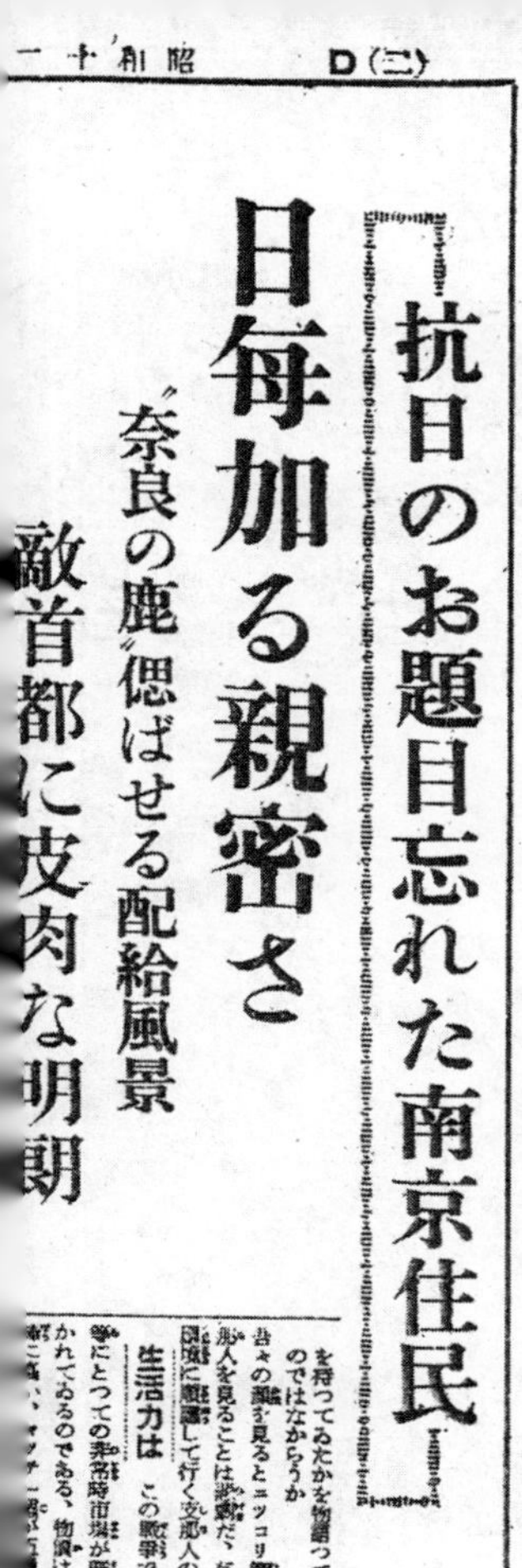
昭和十一　D（二）

「抗日のお題目忘れた南京住民」
日毎加る親密さ
〝奈良の鹿〟偲ばせる配給風景
敵首都に皮肉な明朗

これが中国側の言う三十万大虐殺の根拠なのである。さらに本著はこれに続いて——、

〈日本軍は入城後、人を見ると殺し、女と見ると犯し、犯したのちさらに殺し、財物と見れば略奪し、家屋や店舗と見れば焼いた。日本軍の殺人の方法は多種多様で、首をはねる、頭をかち割る、腹を切りさく、心臓をえぐる、生き埋めにする、手足をバラバラにする、生殖器をさく、女性の生殖器や肛門を突き刺す、焼き殺す、水に投げ入れて溺れ殺す、機関銃で掃射する等、狂暴残虐なこと、人類史上においても、まれに見るものであった〉

四ヵ月前、通州で、日本の居留民二百余名が虐殺されたのは、この状態であった。こんな狂暴残虐な殺しかたは日本人は絶対にやらない。日本の戦史にもない。「食人風俗《カンニバリズム》」の漢民族のやる殺しかたである。自分らがやる殺しかたそのままを記述したのだ。ともあれ、こんな恐ろしい地獄のような恐怖の街で、この組写真に見るような風景を撮ることができるであろうか。

十二月二十一日　（火曜日）　東京朝日新聞

て丁度一週間目の十九日支那人街をブラ／＼歩いて見る、南京に来て支那人街とはをかしいが日本の大部隊が城内の隅々迄埋めて駐屯してゐる目下の南京市では日本人達の中にちよつぴり支那街がある様なものである

支那人が集まつてゐる所謂避難民区は中山路と西康路によつて四面を囲まれた一部で城内の面積の十分ノ一もない、こゝに十八萬人の支那市民が蝟集してゐるが其大部分が逃げ遅れた避難民ばかりで

知識階級 は一人もゐないといつてよい、文字の国の首府でありながらこの避難民の中から文字の書けるものを探し出すことは困難だ、百人居ればその中の一人がやつと文字を知つてゐる程度だ

初めのうちは彼等も日本人を見るとこそ／＼と壁の陰に隠れたものだがこの頃はすつかり日本の兵隊さんと仲良くなり兵隊さんが通りかゝると「先生々々」とニコ／＼顔で何か用事を言付けて呉れと寄つて来る程である、帽子も何もあつたものでない、敗残国の悲しい運命を大きく諦観して来つゝある彼等の心理は実に理解し難い位不思議なものを持つてゐる、指導階級が逃げてしまつた南京の街に「抗日」気配の片鱗だも見へないのは彼等の抗日宣伝がどんな性質

…を売つてゐるボロをまとつた…がゐる、その側では十年輩を賣つてゐる男、マッチや蠟燭を賣つてゐる女、…や茶を賣つてゐる者等があり避難民区の露店では支那の…階層に見事に伸びた…名残り惜しさうに翻らせてゐる…士もある微笑ましい風景である…住宅街では男の児や女の児が…れた馬車に乗つて歓声を揚げ…遊んでゐる、街頭で見つけて…たのかこの貧しい子供等には…てさうもない玩具のタンクを…スハルトの上に走らせて戦…

この温情

南京で松島部隊の兵隊さんに可愛がられてゐる支那人の子供
＝上野特派員撮影＝

燃ゆる火カ
惜しい男
思

赤露外交界の偶像として我国にもなじみ深いレフ・カラハン氏は別項の如く反革命陰謀のかどで銃殺に処せられた旨二十日ソヴエト政府から公表されたが

長い 外交官生活中屢々同氏と折衝、その人となりをよく知る芳澤謙吉氏はカラハン氏の思ひ出話を次の如く語つた

カラハンに始めて会つたのは、大正十三年私が北京に公使として駐在してゐた折、日露戦争後の両国国交回復の為の条約締結を彼が申し込んで来た時です、その時は清浦内閣でしたが、間もなく加藤護憲内閣となつてもこの交渉は続けられ翌十四年一月十五日無事交渉がまとまり正式調印を見ましたが、その間約半歳私とカラハンとは数十回に亘り

談判 を続けました、カラハンはロシヤ人特有の中々ねばり強い男でしたが反面非常に愉快で朗らかな男で談判中も何度と

昭和十二年十二月二十一日掲載

『抗日のお題目忘れた南京住民』

南京にて守山特派員十九日発の記事である。「……初めのうちは彼等も日本人を見るとこそこそ壁の陰に隠れたものだがこの頃はすつかり日本の兵隊さんと仲良くなり兵隊さんが通り

かかると『先生々々』とニコニコ顔で何か用事を言付けて呉れと寄つて來る程である、……

住宅街では男の兒や女の兒が壊れた馬車に乘つて歡聲を掲げて遊んでゐる。何処で見つけて來たのかこの貧しい子供等には持てさうもない玩具のタンクをアスハルトの上に走らせて戰爭ごつこをしている子供達もある。

教會からオルガンに乘った長閑な讃美歌の聲が漏れて來る……。

……兵隊さん達がお菓子や煙草を避難民にも配給してゐるのを見た。嬰兒を抱いたおかみさんにはミルクの鑵を與へるといふ親切ぶりである。その情景が餘りに賑やか過ぎて奈良公園の鹿が煎餅を貰つてゐる圖を思ひ出された。

……かうして抗日排日のお題目を忘れた支那人達と日本の兵隊さん達の交際は日と共に親密さを加へて行く」

〔河村特派員撮影〕

組写真その二　「きのふの敵に温情」　昭和十二年十二月二十二日掲載

タイトルは「きのふの敵に温情《南京城内の親善風景》」である。

写真説明①治療を受けてゐる支那負傷兵　第十三師団参謀長中津三夫大佐の東京裁判で

の陳述によると、「南京は十一月下旬より遠く東南前線の戰死傷者の収容所となり、移轉せる政府機關、個人の私邸まで強制的に病室に充《あ》てられ、全市醫藥の香が瀰《び》漫したる狀態なり。これにより生ぜし死者も亦少なからず……」と。

これを裏付けるように「東京日日新聞」（のちの毎日新聞）がスクープした某外人日記にも「二十五日（十一月）、戰死傷者の南京後送で、移轉後の政府機關はもちろん、私人の邸宅まで強制的に病室に充てられ、全市醫藥の匂が瀰漫し、傷病軍人の町と一變した……」とある。

唐生智麾下《きか》の守城軍はこれらの傷病兵を置きざりにして、我れ先きにと退却・逃亡したのである。この中国傷病兵を、日本軍の軍医や衛生兵がねんごろに治療にあたっている写真である。〝きのうの敵はきょうの友〟殺害どころか治療し看病している姿、これが真の日本軍の武士道的姿である。

②は**皇軍将兵の情に食欲を満たす投降兵**である。南京事件の最大の問題は捕虜の殺害の有無に関する争点である。第十三師団の山田支隊（山田栴二少将）麾下の歩兵第六十五聯隊が幕府山附近で捕えた捕虜は一万四千にもおよぶ大量のものであった。

『「南京大虐殺」のまぼろし』の著者鈴木明氏も、わざわざ仙台におもむき、山田少将ほか関係者数名を訪ねてその真相を究明しており、私も福島に飛び、この捕虜事件に関係し

た第六十五聯隊の聯隊砲小隊長・平林貞治氏（当時少尉）から事件の真相を聴取した。
その真相なるものは、自衛隊戦史室編の『支那事変陸軍作戦①』にある内容とほぼ同様であった。すなわち、彼らの給食に困惑し、約半数の非戦闘員を釈放した。
翌日夕方ボヤが起き、その混乱にまぎれて半数が逃亡しヤレヤレと思った。残りの約四千を、彼らの履いている巻脚絆で数珠つなぎにした。巻脚絆だからしばってもしばったことにならないが、ともかく揚子江支流の中洲へ釈放すべく連行した。その時、どこかで銃

きのふの敵に温情
南京城内の親善風景

寫眞說明　①治療を受けてゐる支那負傷兵②皇軍將兵の情に食慾を滿たす投降兵③砲撃止んだ南京城内に描かれた親善風景④田山部隊長と語る敵の教導總隊參謀沈博施少佐⑤南京城内の親善風景＝河村特派員撮影

声がした。それをきっかけに、突如、捕虜の逃亡・叛乱が起き、日本側も将校一、兵十数名の死傷者を出した。捕虜千ないし二千が銃殺、他は全員逃亡するという事件があった。捕虜の逃亡・叛乱はその場で射殺という掟は国際法の認めるところである。しかし日本軍は、柔順な捕虜に対しては、この写真のように温情が施されたのである。

③は**砲撃止んだ南京城内に描かれた親善風景**、④は**田山部隊長と語る敵の教導總隊参謀沈博施少佐**である。教導総隊は雨花台、紫金山で戦ったもっとも抗日意欲旺盛な、日本軍を悩ました部隊であった。その沈少佐はのちに、汪兆銘《おうちょうめい》の南京政府に起用されている。

⑤は**南京城内の親善風景**である。手製の日の丸の腕章をつけた大勢の市民が、いかにもくつろいだ風情で、道路いっぱいにひろがり交歓している様子がうかがえる。

ここで読者に特に知って頂きたいことは、南京の総面積は城外の下関《シャーカン》や江東門を含めても東京・世田谷区よりも狭い街であるということだ（約四十平方キロ）。加えて当時の支那人は情報に対しては極めて敏感で、長年の内乱の経験から、身の危険な場所には寄りつかないばかりか、逃避はじつに敏捷《びんしょう》・敏感である。

東京裁判の検察側の証人によると、この狭い城内に一万二千の死体が横たわり、累々たる死体は山をなし、血は川をなし、膝を没するほどだったと言う。だがこんな情況は誰も見たものがない。従って写真もない。

しかも、「大混乱の群衆や敗残兵に向かって、日本軍は、機関銃・小銃・手榴弾などを乱射した。飢えた軍用犬も放たれ、餌として食うために中国人を襲った。二つの門に通ずる中山北路と中央路の大通りは、死体と血におおわれて、地獄の道と化した」と本多勝一氏の『中国の旅』（二三〇頁）は言う。

これがいかに大デタラメか、この写真を見れば了解されよう。

『平和立帰る南京』「皇軍兵士避難民に菓子を分配」（林特派員撮影）

昭和十二年十二月二十四日掲載

この頃の写真を見ると、中国人の子供も大人も笑い顔で、安心しきっているようすがよくわかる。クリスマスを前にした日本軍の配慮もあったのであろう。

しかし、東京裁判の判決によると

「日本軍は……全市内を歩きまわり、……中国人の男女子供を無差別に殺し……」

となっている。それが事実なら、この写真に写っている男女子供達は、日本軍の配給が終了した後にみな殺しされたことになる。

いくら戦争に敗れたとはいえ、こんな嘘まで戦後の日本人は信じ込まされていたことに

北支にも『新民會』

臨時政府の補助機關

【北京にて河野、常安両特派員二十三日發】三民主義を標榜する國民黨十年の政治支配に培はれた誤れる支那民衆の政治觀念を是正し「大學」の敎ゆる政治理想たる「大學之道在明明德在親民」を指導精神として支那民衆の政治的敎化訓練の重大使命を持つ「中華民國新民會」は二十四日午前を期して臨時政府行政委員長王克敏氏列席の下に北京懐仁堂において發會式を擧行

中國政治の將來にとつて極めて意義深いスタートを切ることとなつた

新民主義を奉じ政府と表裏一體の民衆團體として日滿支の共榮を實現し剿共滅黨の徹底を期し世界平和に貢獻するを以て目的とする新民會は新政府の施政方針を體し之が政治的實現を徹底すべき補助機關とし政府以外の

平和立

る南京

皇軍兵士避難民に菓子を分配

＝林特派員撮影

【福岡支局電送】

なる。この一連の写真と記事を見れば、小学生でも真相は分かるはずである。

組写真その三　「南京は微笑む＝城内點描」（南京特電二十三日発）

題して「南京は微笑む《城内點描》」とある。十二月二十五日の新聞掲載ゆえ、撮影は二十三日であろう。やはり、占領十日目ごろの写真である。

写真説明①玩具の戰車で子供達と遊ぶ兵隊さん（南京中山路にて）

②戰火収まれば壊れた馬車も子供達の楽しい遊び場だ（南京住宅街にて）

③皇軍衛生班の活躍に結ばれて行く日支親善（難民避難民区にて）

〔林特派員撮影〕

南京は微笑む

城内点描

…具の戦車で子供達と遊ぶ兵隊さん
…れば壊れた馬車も子供達の楽しい・遊び場
…皇軍衛生班の活躍に結ばれて行く日支親
…・平和の光を湛へて支那人教會の庭から
林特派員撮影＝福岡支局電送

昭和十二年十二月二十五日掲載

この組写真には「兵隊さんは子供と遊ぶ／南京の街に見る日支明朗譜」と題するレポートが付記されている。まずこれから紹介しよう。

「兵隊さんは子供と遊ぶ　南京の街に見る日支明朗譜」

〈ヴェルダン要塞戦もかくやと思はせたあの南京城攻略戦後のわれらの兵隊さんは兵火の余燼《よじん》がのこつてゐるのに、すつかり子供に遷《かえ》つて、抗日の都南京が忽ちに明朗譜を奏でてゐる。

けふこの頃は鐵砲も宿舎に置いて丸腰の見物である。街の一隅では早くも商賣上手な支那人が、行軍又行軍で破れた兵隊さんの靴を見つけて手眞似足さしで靴を直させてくれといふ。いままでの南京には見られぬ親愛風景である。兵隊さんが靴直し賃をやらうとすると、「大人銭不要《タートンチエンプヤオ》」と、安心した微笑だ。

―――○―――

南京總攻撃で慌てふためいて逃げたおもちや屋が道路に捨て丶行つた子供の玩具を拾つて來て支那の子供達と遊ぶ。兵隊さんだけに戰車とか裝甲自動車を選んでゐるのも面白い。支那人の子供の無心に遊ぶさまを眺めて、兵隊さんは國に待つわがいとし子を偲《しの》んでゐるのだ。新聞記者どの、今夜手紙をたのみますと、思い出したやうに國への便りを願ふのである。

——○——

いい氣持ちだよ三カ月振りだ

と、小春日和のやうな陽を受けて商賣道具を道路に持出した支那人の散髪屋にかかつて舟をこいでゐる。

支那人の誰もが日の丸の腕章をつけて笑顔をふりまいてゐるのも愉快である。

——○——

大平路方面の貧民達が、空になつた住宅街の堂々たる大邸宅に入り込んで、一世一代の豪華な生活をひらめかしてゐるのも支那風景だ。

皇軍の難民救濟に米やミルク、タバコも支給する仁慈《じんじ》に有頂天になつて、家賃の五百圓もするやうな大邸宅からボロで包まれた難民が五、六十人一組になつてぞろ〳〵蟻《あり》のやうに出て來る光景を　讀者よ!!　想像して下さい〉

まことに平和が甦った和やかな占領下の南京風景である。しかも童心にたちかえった兵隊たちの微笑ましい姿が目に浮ぶようである。

④は、**平和の光を湛へて支那人教會の庭から洩れる讃美歌**（南京寧海路にて）

この教会は、米人、ジョン・G・マギー牧師の教会である。平成五年七月、日本の新聞は全国一斉に、「マギー牧師の幻のフィルム発掘」と題して、大々に報道した。いかにも、〝南京大虐殺〟の動かぬ証拠写真が発掘されたような騒ぎであったが、その写真の殆どは、戦火で負傷した患者を写したものであった。

しかも同牧師は、東京裁判で検事側証人として二日間、日本軍の暴虐行為を何百件も告発したが、最後に弁護側の反対訊問にあい、マギー牧師がその目で目撃した事件は、殺害一件、強姦一件の計二件であった。しかも、その殺害は、誰何《すいか》されて逃げ出した敗残兵であったというのである。

写真で見る通り、殆どが若い女性である。東京裁判はその判決文で、「日本兵は女と見れば強姦し……その数二万件におよぶ」と言い、本多ルポの『中国の旅』は「日本兵に見つかった婦女子は片端から強姦を受けた」と言う。

いったい何を証拠でこのような大デタラメを言うのであろうか。

『唐生智司令銃殺さる』（南京特電二十六日発）　昭和十二年十二月二十七日掲載

唐生智とは、日本軍が南京を攻略した時、南京の中国国民党軍の責任者である。ところ

唐生智司令銃殺さる

首都南京放棄の責任糺彈

敵軍遂に内訌を暴露

【南京特電二十六日發】蔣介石より南京死守の命を受け約二十一萬の兵力を以て南京城に立籠つた南京警備司令唐生智は去る十八日軍事裁判の結果死刑を宣告され十九日銃殺の刑に處せられたことが判明した、理由は南京死守の嚴命があつたにも拘はらず南京を放棄退去した罪によるものである、

强硬派·蔣を動かす

が唐生智は南京から逃げ出していた。その責任者が銃殺されたという記事である。

これは中国国民党軍が、南京城陥落時の混乱の責任を認めたに等しい意味をもつ。なぜなら、もし、その時々の戦闘で退却した司令官を銃殺していたら、戦争など成り立たない。記事には、その理由をこう記している。

「……南京死守の嚴命があつたにも拘わらず、南京を放棄退去した罪によるものである。唐生智の南京から遁れたのは落城前日の十二日夕刻で同人は闇にまぎれて下關寄りの揚子江岸から用意してゐた小蒸汽船に数名の衛兵を連れて身をもつて逃れた……」

記事には出ていないが、この銃殺刑のポイントは、蔣介石は十二月七日に、軍政部長の何応欽将軍、参謀総長の白崇禧将軍なども八日に逃げている。問題になったのは唐司令官が部下に知らせず逃げたことにより軍を指揮者不在にしたことによるのである。

組写真その四　「手を握り合つて越年」

昭和十二年十二月三十日掲載

十二月三十日の新聞掲載ゆえ、おそらく、二十八日ごろの撮影（占領十六日目）である。

タイトルは、「**手を握り合つて越年《日に深む南京の日支親善》**」である。

この写真版には写真説明のほかに、「南京の正月／お餅もＯＫ」という次のような記事が載っている。これまた和やかな駐屯地風景である。 各部隊の兵隊たちは故国の正月を偲んで門松や鏡餅まで用意し、中国の子供たちにキャラメルなどを配っている。歳末の雪の南京の街頭風景は文字通り〝手を握り合っての越年〟で、平和さながらである。

日十三月二十年二十和昭　　B(十)

南京正月
お餅もＯＫ

写眞說明
①兵隊さんお正月用に靴の修繕致しませう②サアおっぱいが足らなきゃミルクをお上り＝ヒゲの隊長温情③坊や、トラホームを癒さなきゃお正月は来ないよ＝軍衛生班大童の活動④新しいガーゼに

〈南京城内に正月を迎へる皇軍将兵に二十八日各部隊毎に鏡餅やのし餅などが配られた。

◇……断たれた水道も二十九日午後から復舊するし電燈も是非今年内に復舊して、南京城内を元通りに明るくさせたいとの皇軍の念願だ。

二十九日朝、二度目の雪に紫金山から城内にかけて一面銀世界となつた雪の中で兵隊さん達が市民と協力して道路の修理をしてゐる。兵隊さんは故國の正月を偲ぶために、松や竹を伐つて來て忽ち門松が出來上る。〆飾があつたら本格的だと残念そう。陽焼けの顔に鐵兜を傳つて雪どけの雫がこぼれる。避難民區（安全區）域では早朝雜貨市が立つて、中々の繁昌だ。
◇……子供が日の丸の旗を片手に一方にはキャラメルをしつかり握つて元氣さうに雪の中を遊んでゐる。元旦も間近だ。新しい南京が生れる胎動がはつきり目に映る〉

写真説明は①兵隊さんお正月用に靴の修繕致しませう

上海に（八月）あるいは杭州湾に（十一月）上陸して、各地に戦闘をまじえながら行軍に行軍を重ねてきた軍靴である。靴屋は大繁昌したが修繕費は取らないと朝日の記者は書いている。

②サァおつぱいが足らなきやミルクをお上り＝ヒゲの隊長温情　この中国婦人の嬉しそうな顔はどうだろう。

③坊や、トラホームを癒さなきやお正月は來ないよ＝軍衛生班の活動

④新しいガーゼをとりかへていいお正月を迎へませう＝軍醫部の活動

〔以上林特派員撮影〕

中国人靴屋は日本兵の靴の修繕サービスにつとめ、おっぱいの出ない中国婦人にはミルクを配給し、急造の病院で日本の衛生兵や医療班が中国市民の病気治療や施薬や看護にあたっている。この「日に深まる南京の日支親善」のうるわしい情景を、四枚の写真は見事に描写している。

これに対して、東京裁判はその判決文の中で、どのように記されているかというと、《日本兵は同市（南京市）を荒し汚すために、まるで野蛮人の一団のように放たれた。（中略）兵隊は個々に、または二、三人の小さい集団で全市内を歩きまわり、殺人、強姦、略奪、放火を行なった。そこには、何の規律もなかった。多くの兵は酔っていた。それらしい挑発も口実もないのに、中国人の男女子供を無差別に殺しながら、兵は街を歩きまわり、遂には、所によって大通りや裏通りに被害者の死体が散乱したほどであった。（中略）後日の見積によれば、日本軍が占領してから最初の六週間に、南京とその周辺で殺害された一般人と捕虜の総数は二十万以上であったことが示されている》（朝日新聞社編『東京裁判』〈判決文〉一〇二～三頁）。

となっている。これが「虐殺派」の「二十万以上」の根拠である。教科書もこれを援用して、「日本軍は、南京の住民七―八万人、武器をすてた中国軍兵士をふくめると、二十万人ともいわれる人々を殺害し、南京虐殺事件として諸外国から非難されました」（平成五年、大阪書籍と東京書籍）とある。つまり、東京裁判の判決文のこの記述を、全くあやまりない真実であるとして教科書は記述しているのである。

ならば朝日新聞は、これらの組写真を、すべてやらせのニセ写真である、記者のレポートもウソ偽りだ、とでも言うのであろうか。

東京裁判の検事側証人のならべたてた〝白髪三千丈〟式大デタラメ、「野蛮人の一団が放たれ……殺人、強姦、略奪、放火を行なった……多くの兵は酔っていた……中国人の男女子供を無差別に殺しながら街を歩きまわり……大通りや裏通りには被害者の死体が散乱したほどだ……（その暴虐行為が）六週間も続いた」と言うのと、今まで見てきた写真やその説明と、どちらが本当か？

これが前にも述べたように、一級史料（前期史料）と二級史料（東京裁判以降の後期史料）の相違である。

ちなみに東京裁判は、いわゆる多数判決は前述の通り「二十万以上」と言っているが、松井大将に対する個人判決では「十万以上」と、半分に減じている。一つの裁判で、一方では「二十万以上殺害」したと言い、他方では「十万以上の殺害」だと言う。しかも松井大将は、このために極刑を受け、絞首台の露と消えたのである。

東京裁判がいかにデタラメな裁判であったか、この一事でも知れよう。

組写真その五　五色旗の下に《南京復興の足どり》　昭和十三年一月十三日掲載

十三年一月十三日付掲載の、「五色旗の下に〈南京復興の足どり〉」と題する、四枚の組写真である。

朝日新聞は一月三日付の新春号に五段抜き凸版見出しで、「南京・今ぞ明けた平和の朝」と大書し、「建設の首途《かどで》を飾り／光と水のお年玉／萬歳・電燈と水道蘇る」と題した近藤特派員の一日発の電報を載せている。そのリードの文は次の通りである。

「光と水の不足から苦しい喘ぎを續けてゐた首都南京も新春を迎へて蘇つたやうに力強い息を始めた。大晦日の夕方五時から南京市内の主なる街々には思ひがけない電燈がつき、それと同時に水道まで景氣よく迸り出たのである」

とある。つまり、唐生智軍が退却時に破壊していった水道源や変電所など電源を、日本軍と中国の労務者が協力して、年末ぎりぎりに復興したのである。

近藤記者によると、南京は十二月十日から水道は止まり、電気はつかず、水飢饉と暗黒の都市となった。日本軍は入城と同時にこれの復活に着手した。技術将校以下八十名と中国人電工七十名の班編成で、水道も同様に百五十名の編成で、不眠不休、激烈な戦闘の疲れも忘れて取り組んだ結果であると言う。

近藤記者はこの文章の最後をこうしめくくっている。

「光と水のお年玉に南京市の屋根の下に寝る我が皇軍の勇士や市民等は歡喜の萬歳をあげた。中山路の中島部隊が宿舍に當ててゐる中央飯店には、赤青のネオンサインさへほの見えてゐる。丁度二十日振りで、再び電燈の光りの輝き出した南京の夜の何と賑やかさだ。

二十二日には上海南京間には日の丸列車が開通して南京市民の喜びの矢先、また降って沸いたやうな贈物だ。三日に發會式を舉行する南京自治委員會の力強い誕生と相まち治安の基礎は全く確立して、明朗南京はいま新春の旭光に上ると共に颯爽として建設の軌道をスタートした」

写真は、全員汗と油にまみれて、日中の技術者が一体となって水

道と電気の復活に取り組んでいる姿である。

写真説明は次の通りである。

①復興の南京では水道も復活した。日支水道班が送水ポンプを動かしてゐます

②送水鐵管の出口

③揚子江の水を引き、先づこの沈澱槽に入れて淨化する

④露天街にも春景色

〔南京　林特派員撮影〕

五色旗とは、南京自治委員会が採択した、国民党の青天白日旗に代わる冀東政府の国旗である。同委員会はすでに十二月二十三日、準備委員会が結成され、陶錫山《とうしゃくざん》が委員長に推された。一月三日南京陥落わずか三週間後の結成大会には残留市民三千数百人が会場の鼓楼を取りまいて、旗行列でこれを祝福した（この準備委員会の模様は、読売新聞が五段抜きトップ記事で大きく報道した）。

東京裁判の検事側証人が言うごとく、日本兵が女子供を見さかいなく捕えて殺したり、連日、何百名もの捕虜や敗残兵が引きたてられて機銃掃射を受けたり、昼夜の別なく強姦が行なわれ、連日放火が続いて、一区画ずつ焼き払った……かくして、武器を置いた兵をふくむ三十万人が屠殺された——という、そのような鬼畜にも劣る暴虐な悪魔や、地獄のような市街で、どうして三千数百人もの市民が、自治委員会の成立を喜んで、爆竹を鳴らし、萬歳を唱え、旗行列に参加するであろうか。だいいち、そんな街に自治委員会などできるはずがなく、人口は減るとも増えることなど絶対にあり得ないはずだ。ところが、南京安全区国際委員会の公式文章によると、南京の人口は一月に入ると五万人増加しているのである。

以上で南京陥落前後の状況がどんなであったか理解できたと思う。では次に記者達の証言を示す。

従軍した朝日新聞記者の証言

南京で本当に大虐殺があったのか、当時の関係者にありのままを話をして頂ければ真実が見えてくる。この作業を行った人がいる。近現代史研究家・阿羅健一氏である。

六十七名に手紙や電話で連絡をとり、取材を受け入れてくれた人への訪問は平均して三回、多い場合は十回にもおよぶ。それが昭和六十二年に『聞き書南京事件』として出版された。

その後絶版となっていた同書は、平成十四年一月一日に小学館文庫より『南京事件日本人48人の証言』として復刻された。

ここに掲載した三人の元朝日新聞記者の証言は、その中から引用した。

当時の記事を、それを書いた本人達の証言と合わせて読むことのできるのは、この本があってできること。このような一級の史料をまとめられた阿羅健一氏に感謝と敬意を捧げます。

東京朝日新聞・橋本登美三郎上海支局次長の証言

橋本登美三郎氏は佐藤（栄作）内閣で官房長官、田中（角栄）内閣で自民党の幹事長を務めた戦後の保守党の実力者の一人である。その橋本氏も昭和十二年十二月、南京に入城した。

橋本氏は、昭和二年に早稲田大学を卒業して朝日新聞社に入社した。満州事変には一線の記者として取材に従事した。

昭和十二年七月、北支事変勃発の頃は南京支局長をしていた。支局長といっても、山本治記者と二人で、あとは中国人がいるだけである。各社も似たりよったりで、支局員は一人か二人であった。南京では日に日に反日の空気が強まり、危険で外も歩けない状況になった。中国憲兵が支局を護るほどであった。橋本氏は戦火が上海に飛び火するまでとどまったが、八月十五日、駐在武官補佐官らと脱出列車で浦口から青島に向った。

いったん東京に戻った後、上海に行き、上海支局次長になる。この役職は現場のまとめ役である。個々の取材をする訳でないが、記者の一人ひとりに指示し、現場全体を一番把握できる立場にある。上海戦線の取材からこの任務をつとめ、日本軍が南京攻略に向うと、そのまま従軍記者のまとめ役として参加した。

朝日新聞は多数の従軍記者を派遣したが、多くは陥落後数日で南京を去った。しかし、橋本氏はそのまま残り、昭和十三年の正月も南京で迎えている。

橋本氏は、その後新京支局長、報道部長、東亜部長をつとめ終戦を迎えた。戦後、朝日新聞社を辞めて政界に入った。郷里の潮来町長をかわきりに中央政界に進出し、佐藤元首相の側近として頭角を現す。大臣に就任した時の橋本氏のプロフィールには、新聞は「南京入城一番乗り」と書いてある。

昭和四十七年、南京虐殺が話題になった時は自民党の幹事長として田中内閣を支える大黒柱であり、発言する時間も機会もなかった。昭和五十一年、ロッキード事件が起き、全日空ルートの一人として起訴され、南京虐殺について発言する機会は、ますます遠のいた。昭和五十八年、政界の第一線から引退した。

橋本氏から話をうかがったのは昭和五十九年秋であるが、橋本氏にとって、南京の頃の出来事は四十七年前のかすかな出来事である。氏にとってロッキード裁判と後継者のことが気がかりで、中央政界や田中角栄氏のこともあまり関心がなさそうであった。

当初、南京虐殺に関してはほとんど記憶がないとインタビューを渋っていた。しかし、橋本氏は、事変前の南京と占領後の南京をよく知る人である。記憶にあることだけで結構ですとの数度のお願いに、ようやく話してくれた。週二回は自分の事務所に行くというだけあって、八十三歳とは思えぬほど元気である。言葉もはっきりしており、歯切れよくしゃべってくれた。

――南京攻略戦以前に南京にいらしたので、南京のことは詳しいと思いますが……。

「私は支那事変が勃発した時、南京支局長をやっていてね、当時、支局は日本大使館とは離れた街の中にありました。同僚に東亜同文書院を卒業して中国語に堪能な人がいたので、街の中の方が生の情報が入って便利だった」

――同僚とは山本（治）記者ですか。

「そうです。私は中国語ができなかったから、彼が中国人とのことはすべてやってくれた」

――南京は反日の空気のため、支局長の奥様も危険だった、とその頃の記事に出てますが。

「そんなことがあったのか。うちのはずっと南京にいたのではなく、ちょっと会いに来ただけだと思う。その時、そんな体験をしたのだろう。

上海に飛び火したので急遽、南京支局を閉鎖していったん東京に戻り、その後上海支局に行った。上海ではデスクとして、取材はしないが記者の原稿をまとめる役だった。

南京攻略戦の時も同じ役目で、第一線にいる記者の書いた原稿は私のところに集った。各社競争だったから、どの部隊についていった方が一番乗りできるか、情報を集めて指示したりする」

――どの師団についていったのですか。

「私は京都師団（第十六師団）司令部と一緒で、中島（今朝吾）師団長が怪我をした時も一緒にいた」

――いつも師団長と一緒でしたか。

「いや。その時はたまたまそばにいて、私も砂をかぶったということです。師団長も怪我といってもたいしたことはなかった」

――中島師団長をよく知ってますか。

「その頃の師団長といえば相当偉く、師団長を直接知るような機会はなかった。そんなに偉い人とはね。京都師団の司令部と一緒に進んだということだ」

――朝日新聞全体では何人くらい従軍しましたか。

「朝日新聞からは五十人近く参加したと記憶している。従軍記者が十五人くらい、連絡員はそれ以上いた。私が全体の指揮をとっていた」

――南京では大虐殺があったと言われていますが、南京の様子はどうでした?

「南京での事件ねえ。私は全然聞いてない。もしあれば、記者の間で話に出てるはずだ。記者は少しでも話題になりそうなことは話をするし、それが仕事だからね。

　噂として聞いたこともない。朝日新聞では現地で座談会もやっていたが、あったのなら、露骨でないにしても、抵抗があったとかそんな話が出るはずだ。

南京事件はなかったんだろう」

――一緒に従軍した今井正剛記者とか守山義雄記者をご存知ですか。

「彼らとはあまり話した記憶はないな。守山義雄君の印象はあまりないなあ。同じもりやまでも森山喬君なら先輩でいたけれど。守山君は政治部出身で、南京に特派員として東京から来たのじゃないかな」

――今井記者は「南京城内の大量殺人」という見聞記を書いて、二万人の虐殺があったと言っています。また、守山記者は、本人が書いたわけではないのですが、守山記者から虐殺の話を聞いたという人がいます。

「二人から直接聞いたことはないから真偽の程はわからない。二人とも、特別左でも右でもない人だよ。ただ、人間は曖昧な発言をすることがあるので、そんなのかもしれないな」

――今井記者の原稿について何か記憶がありませんか。今井記者は取材をしないで原稿を書くという人もいます。

「今井君の原稿? 原稿は取材した人がそれぞれ書くものだ」

――入城式の原稿を、見ないで書いたと言われてます。予定稿だったらしいですが……。

「入城式の原稿が予定稿だった? 入城式なんて満州事変の時もなかったし、誰も体験してないから予定稿は書けなかったはずだ。僕が今井君に書けと言った記憶はないな。もし予定稿だったら前もって軍司令部に取材に行って、予定を聞いて書いたということになるね。入城式といっても華やかなイメージはないしねえ。今井君は形容詞の使い方が上手だから、それなりに書いたのかもしれないな。

戦争は異常な出来事だ。震災の時同様、噂程度のことが記事になっているのじゃないかな」

――いつまで南京にいましたか。

「はっきり覚えていない。しばらくしてから仮主任をおいて上海に戻っている」

――当時の報道規制をどう感じましたか。

「何も不自由は感じていない。思ったこと、見たことはしゃべれたし、書いてたよ」

以上が橋本氏のお話である。橋本氏から話をうかがう前は、もっと詳しい話が聞けるのではないかと思っていた。途中、橋本氏の記憶を引き出させようと、角度を変えては何度も質問した。終わって、冷静に考えると、これが精一杯だろうと思う。むしろ、八十三歳の老人が三十六歳の出来事をこれほどまで記憶しているということは驚きであろう。

大阪朝日新聞・山本治上海支局員の証言

山本治氏は昭和三年、上海の東亜同文書院を卒業した後、徴兵で入隊した。幹部候補生として少尉になる。除隊後、大阪朝日新聞社（現在の朝日新聞）に入社、東亜部に配属になった。大阪朝日新聞の東亜部はアジアにあるすべての支局を管轄している。山本氏は、専門が中国だったので、終戦までほぼ一貫して中国関係のコースを歩むことになる。

昭和十一年七月、新京支局員になり、昭和十二年四月にはさらに南京支局にかわった。南京では戦後政界に転じた橋本登美三郎氏が支局長をしていた。山本氏が加わって二人になる。まもなく蘆溝橋事件が起きた。

——蘆溝橋《ろこうきょう》事件の起きる頃の南京はどうでした？

「南京は中国の首都ですけど、日本人はそんなに多くなく、医者、満鉄社員、大使館関係者、軍関係者など百人ほどです。日本の旅館も一軒あったきりで、上海の二万人と比べればわずかです。

各新聞社の支局も大体一人ずつで、橋本さんは中国語がわからないというので、私が行って助けることになりました。二人いるのは朝日ぐらいでした。

蘆溝橋事件が起き、険悪になってきたので、私も橋本さんも家族を帰しましたが、七月下旬頃には各社の支局員も南京を引揚げはじめました。

しかし、その時、橋本さんが、「こういう時こそ新聞が働く時だ。朝日の記者としてやろう。山本君、私に命をあずけてくれ」と言いまして、われわれは最後まで残りました。

橋本さんはああいう人ですから、揚子江上流から引揚げてきて南京に残った日本人の面倒なんかみたりしてました。橋本さんは満州事変の時、関東軍の板垣（征四郎大佐）参謀と一緒に馬占山（満州の馬賊）のところに行ったくらいで、その時、板垣参謀は責任を持って橋本さんの体を守ると言ったそうです。それに比べ南京では大使館が早く引揚げてくれと言うので不満だったようです。

私は、揚子江上流からどんどん日本の軍艦が下っていくのを見て、ああ、もう日本と中国もこれで終りだな、と思ったものです」

――最後には青島に脱出しますね。

「八月十五日に、南京に最後に残った数十人が列車で発つことになりました。列車は蔣介石直系の兵隊が胸に蔣介石の写真を付けて守ってくれましたが、列車の窓を板で覆って、三十六時間、車外の様子を見ることはできませんでした。私はカメラ一つで脱出しました。（国民党の）中央軍が次々と北上してましたから、それと前後して北上した訳です。その時は上海への脱出が不可能で、南京から北上して済南経由青島に脱出したのです」

――その後は？

「橋本さんは東京に戻りましたが、青島にもたくさんの日本人がいましたから、私は青島に残って取材を続けることになりました。それから一週間ぐらいで大阪本社から、大阪・

神戸で南京における体験の講演をするようにと呼ばれました。それで大阪に帰りました。まもなく上海派遣軍が上海上陸作戦を始めましたので、上海支局員を命ぜられました。八月下旬頃で、すぐに上海に向かいました。黄浦江に着きましたら、船のまわりは中国兵の死体がたくさん浮いていました。その時はいよいよ戦場だと思いました」

——その時、上海支局は何人くらいですか?

「白川（威海）さんが支局長で、そのほか森山（喬）さんなど全員で四、五人です。私が呉淞に着いた時、上海の街は猫の子一匹いない状況で、まだ軍司令部も設置できない状況でしたから、波止場から支局まで車でフルスピードで行ったものです。支局のあったホテルには軍の報道部もあり、私がここに行って検閲してもらう仕事を担当していました」

——検閲の実態はどんなものですか。

「検閲のはっきりした基準というものはなく、とにかく軍のこれからの動きがわかるような記事はだめでした。私はその年の四月まで新京支局にいて関東軍の検閲を経験していましたから軍の検閲は大体わかっており、私の持っていくものはほとんどフリーパスでした」

——前線も取材しましたか。

「ええ、その頃、東京や大阪からも記者が来るようになって、彼らと一緒に取材してました。揚子江岸の白茆江における重藤部隊の上陸作戦も各社一人だったので、その時は朝日から私がただ一人取材しました」

——山本さんが南京に行くのはいつですか。

「蘇州に行った時も上海に戻り、前線に行っては上海にいるということを繰り返していましたが、その時は橋本さんと一緒だったと思います。

入城式の日は、上海を最初から従軍取材しているというので、陸軍の飛行機が連れていってくれました。着いたのは午後で、入城式の終わった後でした」

——南京の様子はどうでした?

「城壁の周りには中国兵の死体がありました。

中山門から見た時、城内には何ヵ所も煙が上っているのが見えました」

——城内の様子はどうでした?

「特別変わったことはありません。南京で印象的なのは城壁で中国兵の死体を見たくらいです」

——虐殺があったと言われてますが……。

「全然見たことも聞いたこともありません。夜は皆集りますが、そんな話は一度も聞いたことはありません。誰もそういうことを言ったことがありません。朝日新聞では話題になったこともありません」

――難民区（安全区）はご覧になってますか。

「難民区は兵隊や憲兵がいて入れませんでした。そういうことですから、市民は安全でした。一般の市民の死体というのはひとつも見ていません。紅卍字会の人が戦死体をかたづけたりしていました」

――南京には何日間いました？

「数日間いて自動車で戻りました」

――その後は上海にいたのですか。

「そうですが、杭州に第十軍がいましたから、一月になって杭州支局長として杭州に行きました。杭州に着いてしばらくして、杭州の特務機関長から家族を呼んで下さいと言われたので、家族を呼びました。一月頃はまだ和平の動きもありましたが、その頃はもう和平もなくなり、日本軍も長くいるんだということを中国に知らせるつもりだったようです」

――上海や杭州でも南京虐殺は聞いてませんか。

「一度も聞いてません。上海支局長の白川さんは軍の最高幹部ともつきあいがありましたけど、白川さんからも聞いたことはありませんでした。

徐州作戦に従軍した後、私は体を悪くして昭和十三年夏に日本に帰ってきました。神戸へ着いたところ、神戸のホテルで、南京では日本軍が暴行を働いたそうですね、と言われてびっくりしました。なんでも外字新聞には出ていたということです。

上海にいる時、私は中国の新聞を読んでいましたが「血戦光華門」などという文字が大きく載ったのは見たことがありますが、南京についてのそういうことは何も出ていませんでしたから、不思議に思ったものです」

――最近よく言われていますが……。

「事件と言うようなものはなかったと思います。私も見ていませんし、朝日でも話題になってません。また、あの市民の数と中国軍の動きでそういうことが起きるはずがありません。私が上海、南京で見た死体というのは、最初、黄浦江の船の周りにあったたくさんの中国兵と、上海市街戦での戦死体です。あとは南京の城壁ですね。城壁の死体はきれいなもので、首を斬られたとかいう虐殺されたものではありません。戦死体は弾が当って死ぬのできれいです。

それと虐殺という表現ですが、戦場では、普通最も悪いとされていることが、最大の功績になるわけです。平和になって平和時の感覚で言うのは、何も意味がないと思います。そういう基準で虐殺と言っているような気がします。

私は昭和十五年になって召集され、少尉として従軍しました。この時は自分で攻撃命令も出したこともあります。ですから自分で戦争もしていますし、また、記者として客観的にも見ていますが、そういう体験からみても虐殺事件というのはどうでしょうか」

山本氏は定年まで朝日新聞にいて、退社後、京都府長岡京市の広報紙の編集にたずさわるようになった。まもなく長岡京市では日中友好のための訪中団が結成され、市長が団長となった。その時、山本氏が秘書長として行くことになり廖承志（初代中日友好協会会長）、孫平化（中日友好協会会長）と会った。戻ってから山本氏が中心になり中国の都市と姉妹都市をつくることになり、山本氏はよく知っている杭州との姉妹都市を結ぼうとしたが、中国側の都合で寧波になったという。十代から七十代まで中国とよく関係のある人である。

話をうかがったのは山本氏が八十一歳の時であるが、元気な方で、二時間以上にわたって休むことなく話してくれた。

東京朝日新聞・足立和雄記者の証言

昭和五十九年秋、足立和雄氏に、陥落後の南京の様子をうかがいたいと申し出ると、お役に立てるかどうか、都合のいい日はこれこれの日です、という返信をいただいた。そこで、さっそく指定された日の朝、電話を差し上げた。すると、

「それほど話すことはないと思います。電話で済むようでしたら、電話でどうぞ」

との話である。しかし、電話で済まされることではない。そこで、「お聞きしたいことは簡単なことですが、項目が二十くらいありますので、お会いしてお聞きしたいのですが」とお願いした。その後しばらく電話でのやりとりが続いた。そのうち、だんだんやりとりが変になっていった。

「南京虐殺とおっしゃってますが、私は大虐殺なんて見てません。あなたがどの様な立場の人か知りませんが、大虐殺の証言はできません」

「足立さんが大虐殺を肯定しているのか、否定しているのか知りません。ただ、当時南京にいた人に、南京で見たことを話してもらいたいと思い、お願いしているのです」

私の一方的なお願いなのに、このように言い合いのようになってしまった。

足立氏は戦後、『守山義雄文集』に「私と南京大虐殺」なる文を書いている。南京大虐殺を認めているのかもしれないと思っていた。しかし、私が聞きたいのは、足立氏が南京で直接見たことである。

ようやく、「わかりました、いらして下さい」との返事をいただいた。

足立氏ははじめ第百一師団の従軍記者として参加し、上海戦線を取材した。上海戦線が終息し、南京攻略戦が始まると南京に向った。第百一師団は上海にとどまったままで、のちに杭州攻略に向った。そこで南京城に入っていた足立氏は、第百一師団を追って再び南下した。足立氏が南京にいたのは十日ほどである。

――南京で大虐殺があったと言われていますが、どんなことをご覧になってますか。

「犠牲が全然なかったとは言えない。南京に入った翌日だったから、十四日だと思うが、日本の軍隊が数十人の中国人を射っているのを見た。塹壕を掘ってその前に並ばせて機関銃で射った。場所ははっきりしないが、難民区ではなかった」

――ご覧になって、その時どう感じました?

「残念だ、とりかえしのつかぬことをした、と思いました。とにかくこれで日本は支那に勝てないと思いました」

――なぜ勝てないと……。

「中国の婦女子の見ている前で、一人でも二人でも市民の見ている前でやった。これでは日本は支那に勝てないと思いました。支那人の怨みをかったし、道義的にもう何も言えないと思いました」

――そのほかにご覧になりましたか。

「その一ヵ所だけです」

――大虐殺があったと言われていますが……。

「私が見た数十人を射ったほか、多くて百人か二百人単位のがほかにもあったかもしれない。全部集めれば何千人かになるかもしれない」

――南京城外はどうでした？

「城外といっても上海――南京間は戦闘行為でしょう。郊外を含めて全部で何千人か、というところでしょう」

――そうすると、ほとんど城内であったということになりますね。

「そうでしょう。青年男子は全員兵士になっていて、城内には原則として残っていないはずだ。いるのは非戦闘員で老人・婦女子だけだ。もちろん全然いない訳ではないが、青年男子で残っているとすれば特殊な任務を帯びた軍人か便衣隊だと思われていた。便衣隊は各戦線で戦いの後、日本軍の占領地に入って後方攪乱や狙撃など行なっていましたからね。逃げないで城内にいるということは、敵意を持っていると見られても仕方ない。

軍は便衣隊掃蕩が目的だったが、あるいはやりすぎがあったかもしれない」

――城内外に合わせて数千人あったということですね。

「全部集めればそのくらいはあったでしょう。捕虜を虐殺したというイメージがあるかもしれないが、それは、戦闘行為と混同しています。明らかに捕虜だとわかっている者を虐殺はしていないと思います」

――当時の従軍記者で大虐殺を証言している人もいますが、例えば今井正剛記者。

「今井君はもう亡くなってますから」

――今井記者をよくご存知ですか。

「今井君は同じ社会部で接触はありました。親しくはありませんでしたが。亡くなった人のことは言いたくない」

――お気持はわかりますが、今井記者のことで知っていることをお聞かせ下さい。

「今井君は自分で見て書く人じゃなかった。危険な前線には出ないで、いつも後方にいたと聞いている。南京でもカメラマンなど何人か死んでますからね。今井君は人から聞いたことを脚色して書くのがうまかった。筆を走らせるというのかな。しかし、文はうまいとされていた」

――今井氏は入城式の原稿も見ないで書いたと言われますが、いわゆる予定稿というやつ。

「一般に予定稿というのはあった。天皇陛下が出席される行事などはそうだった。当日、一緒に行動して予定の変更があれば訂正する。今井君の南京の入城式の記事が予定稿だったかどうかは記憶にないが、締切に間に合わせるためには考えられることです。

入城式の記事は別にして、今井君の原稿にはフィクションがあったかもしれない」

――守山義雄記者については？

「守山君とは親しくしていたし、尊敬もしていました」

こう言いながら足立氏は本棚から『守山義雄文集』を取り出してきた。『守山義雄文集』は昭和四十年四月、守山氏が死んでから八ヵ月後に作られたもので、守山記者の足跡と、親しかった人の思い出からなっている。

「守山君が亡くなった時、こういうのを作りましてね、私も寄稿しました」

といって足立氏はめくる。自分の文章を探しあてると、

「題名が不用意だった」

と言いながら見せてくれた。「私と南京大虐殺」という題の短い文である。さきほど話してくれた南京での出来事が書いてある。その光景を足立氏は守山記者と二人で見て、悲しんだと書いてある。ただ、足立氏は「私と南京大虐殺」の題をひどく気に病んでおり、結局、今日の聞き書きも、地の文は別にして、話の部分は公表前に足立氏が確認することになった。自分の発言が曲解されるのを恐れているのであるが、当時の南京の様子を証言できる人は限られている今、それは当然でもあろう。

南京では一緒だった二人は、その後離ればなれになった。足立氏は杭州へ。そして守山氏はしばらく南京に残ったあと、帰国して特派員としてベルリンに行く。しばらく守山記者の回顧談と礼讃が続いた。十分間ほど続いた後、思い出したように次の様な話を披露してくれた。

「今年の春に朝日新聞の論壇係から私のところに電話がありましてね。守山君がベルリンにいた時の話です。

ベルリンで、守山君は日本の留学生と飯を食ったことがあり、その時留学生に、南京で大虐殺があったと語ったというのです。その留学生が今は有名な大学教授になつているそうです。私は彼の名前を聞くのは初めてでしたが、その大学教授がベルリンで守山君から聞いた話を論壇宛に送ってきたというのです。

守山君の語った話というのは、日本軍が南京で老人・婦女子を殺し、あまりたくさん殺したので、道路が血でいっぱいになり、守山君がはいていた半長靴に血が流れ込むほどだった、というものです。守山君がこういう話をしたというのです。

論壇の係は、私が南京で守山君と一緒だったし、親しかったということを誰かに聞いて、この話を確かめようと電話をかけてきた訳です。そこで私は、たしかに南京では守山君と一緒でしたが、そんなことは見ていないし、後で守山君から聞いたこともない、守山君は嘘をしゃべるはずはない、その大学教授はどんな人か知らないが、その人が言っていることは嘘だ、そういうことが載るなら守山君の名誉のために残念だ、と言いました。

論壇係は私の話を聞いて納得したようです。教授の原稿をボツにしました。南京大虐殺については意識的に嘘をついている人がたくさんいるんですよ」

――足立さんがいらっしゃった朝日新聞では、本多勝一記者が南京大虐殺があったと主張しているし、社会面でもよく取り上げていますが……。

「非常に残念だ。先日も朝日新聞の役員に会うことがあったのでそのことを言ったんだが。大虐殺はなかったことをね。

朝日新聞には親中共・反台湾、親北朝鮮・反韓国という風潮がある。本多君一人だけじゃなく、社会部にそういう気運がある。だからああいう紙面になる。

また、朝日の読者に本多教信者がいるらしい。出版局の人も、本多君の書いたものは売れるから出版する。たしかに本多君は熱心で積極的な記者だ。エスキモーのルポルタージュなんか立派だった。エスキモーと一緒に生活してね。ベドウィンのルポルタージュもきたない生活の中に入っていってね。なかなかできないことだ。本多君は大学の頃、山岳部にいたからその経験が生かされたのだと思う。あの頃の三部作は素晴しいものですよ。その後、中国に行ったら一方的な記事になっちゃった。中国人の言ったことをそのまま記事にするだけだ。三部作の頃のファンがまだついているのだろうね。

朝日新聞の中には本多君の態度を快く思っていない人もいますよ」

話はこの後、朝日新聞の姿勢にまで及んだ。

――昭和十二年頃の新聞の論調はどうでした？

との質問に、足立氏はまたスクラップ・ブックを開いた。

「さきほど見ていたら、こんな記事がありました」

といって切り抜きを見せてくれた。「幼児と父母の死」という足立氏の署名入りの記事である。南京を間近にした湯水鎮で、親が死んだことも知らない幼児が死体のそばで泣いている。気になって後で戻ると幼児はもういなかった、たぶん日本兵が育てているのだろう、という記事である。

「この記事は、軍からは良くないと思われたかもしれないが、朝日の社内ではほめられました。私も日本軍の勇ましい記事を書かなかったとは言わないが、今読み返してみても、敵ながらあっぱれとかいう記事を含めて、片寄らずに書いたつもりです。朝日にはそういう空気がありました。朝日と比べると、毎日はもっと勇ましかったですよ。百人斬り競争とかね」

——百人斬りの話を知ってましたか。

「ええ。あの記事を書いた浅海（一男）君も知ってますよ」

——浅海記者はライバルの新聞社の記者でしょう?

「でも何度も顔を合わせていましたよ。毎日新聞は戦争をあおるような気風が特に強かったようだが、浅海君もそんな人でね。あの百人斬りの記事は創作かもしれんな。浅海君が百人斬りを競った二人の軍人に会ったのは事実だろうが、二人の談話は創作かもしれない。浅海君は口をつぐんで何も言ってないが、心の中ではまずい記事を書いたと思っているんじゃないかな。戦後、あの記事が証拠になって二人の軍人は死刑になったし、その中国へ浅海君は新聞の組合の委員長として行ってるんだからね」

――浅海氏とはその後も会ってますか。

「何度も会っています。最後に会った時はずいぶんやせていたが、今はどうしているか。私は先ほども言ったが、最初、第百一師団の従軍記者だった。同じ師団に従軍した毎日の記者が伊藤君といってね。船で一緒だった。この人は記者なのに、日本刀を腰にぶら下げていて、酔うと刀を抜いて暴れるんだよ。この人もあとで組合の委員長をやったが、浅海君も伊藤君もあまり知性的ではなかったように思うね」

足立氏の話はまだまだ続きそうだったが、予定の時間をはるかにオーバーしてしまったので、私の方からこの辺で、と終えた。結局、二時間近くになってしまった。

以上が足立氏の証言であるが、この証言が、足立氏の他人への誹謗《ひぼう》の様に読める部分があるなら、それは私の責任である。実際は、活字になった以上に足立氏は躊躇し、しばし黙したのだが、貴重な証言という私の強要が続いたのである。

東京朝日新聞・細川隆元編集局長の証言

昭和六十一年八月十日（日曜日）　ＴＢＳ『時事放談』にて

「わしが朝日新聞の編集局長であった時だ。南京に特派した記者たちを集めて、南京に虐殺があったとか噂をきくが、本当はどうだ、一人ひとりに聞いてみた。ぜんぜんそのようなことは見たことも聞いたこともありません……というはっきりとした返事だった。……何万、何十万なんていう虐殺など絶対にない。絶対になかったと私は思う」

と断言している。

第二章　朝日新聞の歴史報道

「朝日」よ、何れが真なりや

いわゆる「南京大虐殺三十万」などは全くの虚構で、中国の作り話にすぎない。だが、この冤罪《えんざい》は日本民族永遠の恥辱であり、拭いがたい歴史的汚点となっている。

しかし、第一章で見てきたように、当時の朝日新聞が報道した数々の写真や記事は、南京占領当時のありのままの姿を描写した大虐殺を否定する第一級史料である。

しかるに、戦後「朝日」は一転して「南京大虐殺」をはやしたてた。

真実は一つしかない。「朝日」よ、何れが真なりや。

東京裁判から始まった「南京大虐殺」事件

いわゆる「南京大虐殺」、中国の言う「南京大屠殺」事件なるものは、中学校、高等学校の歴史教科書はもとより小学校の教科書にまで載るようになり、世界大百科事典や外交事典など権威ある辞書にも掲載されており、もはや動かしがたい歴史的事実のごとく喧伝されている。

しかし、南京に三十万人もの大虐殺があったという事件が一般に知らされたのは、旧日本軍が南京を占領した昭和十二年十二月から約九年間を過ぎてからである。大東亜戦争で日本が敗北し、戦勝国によって、国際法まで無視した無法な極東国際軍事裁判（俗称「東京裁判」）が開かれ、その裁判の渦中で、突然、降って湧いたのである。

それまでは一般国民はもとより、この南京攻略戦に参加した数万の日本軍将兵も、取材にあたった約百二十人の新聞・雑誌社の特派員やカメラマン、そのほか占領直後南京に入城した西條八十《やそ》、草野心平、大宅壮一、小林秀雄、野依秀一、杉山平助、林芙美子《ふみこ》、石川達三といった著名な詩人、評論家、作家のだれ一人として、「大虐殺」の事件そのものを見たこともない、噂にすら聞いたこともなかった。

しかも、日本人だけではない。南京は国際都市である。占領後も残留した五十名以上の第三国人（南京安全区国際委員会十五名の委員を含む）もおり、揚子江には米英の艦船がおり、そのうえニューヨーク・タイムズ、シカゴ・トリビューンやＡＰの特派員、パナマウントのカメラマン等、外人記者五名もいた。かれらも大虐殺など見てもいないし、聞いてもいない。従ってそれまでは、南京大虐殺などというような記事は世界のどこにも流布されていなかったのである。

教科書には「日本国民には知らされなかった」とあるが、当時、政府も軍も、南京での出来事を喋ってはいかん、書いてはならぬ、といった箝口令《かんこうれい》をひいたわけでもない。

被殺害者数のデタラメ

ご存じのように東京裁判は「偽証罪」のない裁判で、日本および日本軍の罪悪や悪口はどんなに嘘であろうが、伝聞、作り話のたぐいであろうが、言いたい放題で、決して罪に問われるようなことはなかった。その半面、これに対抗してその虚妄を否定し、抗議することは許されなかった。弁護側が提出した反論、反証はことごとく受理されず、その却下された書類は八千ページ以上にもおよんでいると言われる（東京裁判却下未提出辯護側資料第一巻〜第八巻　図書刊行会）。

加えて当時、占領軍のきびしい言論統制下にあったマスコミは、南京虐殺事件の検事側証人（米人3、英人1、中国人9）の言いぶんを、そのまま、あることないこと、全く聞くに耐えない残虐ぶりを報道したばかりか、NHKラジオ放送は、毎夜、「真相はこうだ！」（のちに「真相箱」）という番組で、日本軍の非人道性を劇的に放送した。その効果は絶大なものがあった。

「白髪三千丈」式の誇大形容と宣伝戦にかけては天才的な才能を持つと言われる中国は、東京裁判に備えて急遽、南京に「南京敵人罪行調査委員会」という組織を作り、軍事委員会、調査統計局、警察庁、弁護士会、医師会、商工会議所、青年団、紅卍字会など十四の団体が集って、全市をあげての大々的調査に乗り出した。

だがその調査は、報告書によると、当初、被害を申し出る者も少なく、日本軍による殺害事件の目撃者もいない。再三再四、手をかえ品をかえて占領時の日本軍の悪業を申し出るよう勧誘するのであるが、一向に反応がない、その状況をこう書いている。

「進ンデ自發的ニ殺人ノ罪行ヲ申告スル者甚ダ少キノミナラズ、委員ヲ派遣シテ訪問セシムル際ニ於テモ冬ノ蟬ノ如ク口ヲ噤ミテ語ラザル者、或ハ事實ヲ否認スル者、或ハ又自己ノ体面ヲ憚リテ告知セザル者……等アリ。(そこでさらに)種々探索・訪問ノ方法ヲ講ジ、數次ニ亙リ行ハレタル結果、確定セル被殺害者既ニ三十萬ニ達シ、此外尚未ダ確證ヲ得ザル者二十萬ヲ下ラザル景況ナリ」

つまり「冬の蟬のごとく」口を割らなかったが、幾度も幾度も勧誘し調べた結果、その数は合計五十万は下らない数になったというのである。

しかも、かれらのまとめた調査報告書は、まことに〝文学的〟である。

「退去ニ當リ敵軍ノ掃射ヲ蒙リ、哀聲地ニ滿チ、屍山ヲ築キ、流血脛ヲ没スルノ惨狀ヲ呈シ……争ヒテ揚子江ニ渡リ、逃レントスル我軍ハ悉ク掃射ヲ受ケ、屍體ハ江南ヲ蔽ヒ、流水ハ亦赤クナリタル程ナリ」

このような〝文学的名文〟で、「三十万ないし五十万の軍民が屠殺せられたり」と言われても信用することができるであろうか。しかもこれは戦闘時の惨劇である。

ともかくこのような経過を経て、委員会が最終的に東京裁判に提出した「被殺害者確定数は三十四万」であると言うのだ。その内訳は、次の通りである。

㈠新河鎮地域　二八、七三〇名（廟葬者、盛世徴・昌開運証言）
㈡兵工廠および南門外花神廟一帯　七、〇〇〇余名（埋葬者、芮芳縁・張鴻儒証言）
㈢草鞋峡　五七、四一八名（被害者、魯甦証言）
㈣漢中門　二、〇〇〇余名（被害者、伍長徳・陳永清証言）
㈤霊谷寺　三、〇〇〇余名（漢奸高冠吾の碑文により実証）
㈥埋葬屍体・崇善堂と紅卍字会　合計一五五、三三七余名

（以上、東京裁判「速記録」第五八号による）

ところがこのトータルは、二十五万三千四百八十五人で三十四万にはならない。しかも埋葬のうち崇善堂の十一万二千二百六十二体は、崇善堂じたいが当時休業状態にあり、埋葬に

は関係ないことが中国側の資料でのちに判明している。つまり、この数字は全く架空なのだ。だいいち二人の人間が二万八千七百三十体もの死体をどうやって埋葬したのか？　また一人の人間が五万七千体以上もある死体を一の単位まで正確にどうやって数えることができたのか？

この大デタラメな委員会報告を、さすがの東京裁判もそのまま採用しかねて、結局「二十万人以上の殺害」と多数判決では言い、松井大将に対する個人判決では、その半分の「十万以上の殺害」とさらに修正しているのである。

中国側の「敵人罪行調査書」も大デタラメだが、「東京裁判の判決」もまたそれに劣らず大デタラメであることがおわかりと思う。

『中国の旅』の影響とその背景

それにしても日本国民の多くは、日本は戦争に負けたことでもあり、東京裁判で東條元首相以下七名が戦争の責任を問われて処刑され、その中に松井大将もいわゆる南京虐殺の責任で加えられた、やむを得ないことかも知れない——程度の認識であった。

それから約二十余年、人びとの南京事件に関する記憶もほとんど薄らぎ、忘れられつつあった時、突如として衝撃的なレポートが朝日新聞に連載された。本多勝一記者による

『中国の旅』と題するルポである。

この連載は、昭和四十六年八月から十二月までの間に《平頂山事件・万人抗・南京事件・三光政策》の順に、四部にわかれて報じられた。各部はおよそ十回程度、都合約四十回、いずれも旧日本軍および日本の民間人が戦前・戦中を通じて中国人にあたえた数々の残虐行為の告発である。そこに描かれた非道な暴虐の数々、その結果生じた途方もない死者の数々……。「南京大虐殺」の名を一挙に広めたのは、この本多ルポのあまりにも衝撃的な残虐無惨な記述だと言っても過言ではない。

朝日は昭和四十六年の本多ルポをきっかけに、それ以後はあることないことを、意図的にニセ写真や兵の日記まで偽造して、「南京大虐殺」を煽りたてた。本多氏はさらに、『南京への道』を朝日ジャーナルに連載した。また朝日は、洞富雄、藤原彰氏らの虐殺派の著書を相次いで発行し、「南京事件を考える会」まで結成した。異常なまでの熱の入れようである。

私は文藝春秋に「朝日新聞に拒否された五通の反論」と題する一文を草したことがある(昭和五十九年六月)。明らかにそれは事実とは違う、と言って証拠を示して注意し、あるいは私を名指した投書に反論しても、朝日は一切ノーコメント。虐殺があったという記事なら、どんなまやかしでも嘘いつわりでも大きく取扱い、これに反する記事はすべて没にする。抗議には回答しない。そこには記事の公正も報道倫理も何もない。「朝日は日本のプラウダ」であると言われるゆえんがよくわかった。すなわち、自社の主張にそったものは取りあげるが、これに反するものは一切取りあげないという方針である。

そうした朝日の背景には何があったか。新聞評論家として著名な片岡正巳氏は次のごとく述べている。

「いかに朝日新聞が、そして時の社長広岡知男氏が、日中国交回復に並々ならぬ思いで尽力したか。……文化大革命を礼賛し、そして昭和四十五年に広岡社長は、日中関係の改善を胸に抱いて、議長を務めるべき株式総会まですっぽかして一ヵ月も中国に滞在し、そして四十六年の世界卓球選手権大会、翌四十七年の上海バレー団の招待・公演と、朝日はまさに八面六臂《ぴ》の役割を自ら買って演じたのである。しかもそれは中国の立場を重視し、中国の言いなりに無理をも通したのであった。そして四十六年八月からの『中国の旅』の連載であるが、〝南京大虐殺〟なるものを、中国側の言い分だけでまとめていった理由がここにある」（『間違いだらけの新聞報道』二五五頁）。

片岡氏は朝日が時の中国政権にすり寄った姿勢を指摘し、文化革命の礼賛、かの有名な林彪《りんぴょう》の失脚と死亡の否定、そして遂にはありもせぬ南京虐殺を捏造《ねつぞう》するまでにいたる経緯を克明に紹介し、朝日の「親ソ反米」「親中反日」の根源を同著の中で鋭く衝いている。

暴かれた本多ルポの正体

しかし、中国側の言い分だけを煽情的に誇大に記録しただけの『中国の旅』を黙って受け入れる者ばかりではない。

本多ルポは、

「撫順炭鉱には約三十の万人抗ができたというから、ひとつ一万人としても三十万人になる。四十年間も日本に占領されていた炭鉱であれば、この数字は決して〝白髪三千丈〟の次元のものでないことが、大石橋の例からも理解できよう」

と述べ、撫順炭鉱でも三十万人の虐殺があった、と書きたてている。

その他、本多ルポは、コレラ発生で「防疫惨殺事件」なるものを告発し、中国人鉱夫が千人以上も惨虐極まる殺され方をして、万人抗に投げ込まれる状況など、とても読むに耐えないような地獄図を、これでもか、これでもかと言わぬばかりに書きつらねている。

そんなことは絶対なかった、だいいち「万人抗」などというものは見たことも聞いたこともない、とんでもない濡《ぬ》れ衣《ぎぬ》だ、というので、かつて撫順炭鉱に勤務していた人びとが組織する「撫順会」や元南満鉱業社員の人びとが合同し、結束して起ちあがった。

このことは産経新聞にもしばしば報ぜられたが、雑誌『正論』にも「重ねて言う、万人抗はなかった」、さらに代表五人による「私たちは万人抗なんて知らない」「朝日・本多勝一記者の誤報」等々、言論活動を重ねていった。朝日新聞社への申し入れも行なった。朝日はついに、「万人抗についてては、本多を含め私どもといたしましても調査を進める必要があると以前から考えています」と、調査を約束するところまできた。しかし、現実はそう簡単に報道姿勢を改めるところまではいっていない。

肝心の本多記者は、この虚偽の報道についてなんと言っているかというと、「私は中国側の言うのをそのまま代弁しただけですから、抗議をするのであれば、中国側に直接やって下さい」、オレの知ったことではない、文句があるならオレに喋った中国人に言え、オレは聞いたままを書いたに過ぎない――と言うのである。

なんとも無責任きわまる話である。日本人側の取材も意見も聞かず、事実の確認もせず、ウラも取らず、「ただ聞いただけを書く」、それが一人前のレポーターと言えるであろうか。また、それを臆面もなくそのまま四十回も連載する新聞社も新聞社である、と言わねばならぬ。要するに、これによって『中国の旅』の正体があばかれたのである。すなわち、撫順炭鉱、南満鉱業（大石橋）における数十万人におよぶ現地人の虐殺と「ヒト捨場」万人抗は存在しなかった、本多ルポは大デタラメのためにする誣説《ぶせつ》であった、ということが、関係者の長い年月のたたかいと努力によって明らかになってきている（この項は田辺敏雄著『朝日新聞に押しつけられた大量虐殺』を参考とした）。

さて、最後に残されたのが、いわゆる「南京大虐殺」事件であるが、これまた「万人抗」と同様インチキと見てよい。

日本人の創作・脚色による〝大虐殺〟

これまで見てきたように朝日新聞は、昭和四十六年以降は気でも狂ったのではないかと思われるほど、南京に大虐殺が「あった!!　あった!!」と煽りたてた。教科書に「南京大虐殺」が載るようになったのも、昭和五十年からである。その頃になると、朝日に次いで毎日やNHKなど日本のマスコミや時代におもねる学者、文化人、教育者がこれに追随し、今日の風潮を作ってしまった。

昭和六十二年、南京事件五十周年を期して、南京郊外の江東門に「侵華日軍南京大屠殺記念館」が建設され、入口正面に、中国語・英語・日本語で、「三〇万遭難者」と大書してある。記念館の中に飾られた写真の多くは、日本から持ち出されたものである。記念館建設の前後には本多・洞・藤原氏ら、虐殺派の「南京事件を考える会」のメンバーが揃って訪中しており、開館式には日本の総評代表二名が参列している。

極端な表現を許してもらうならば、南京戦に参加していない中共政府には、南京攻略戦の史料など殆どありようはずはなく、結局、日本人が創作し、日本人の脚色・演出によるシロモノ。しかも、中日友好協会の孫平化会長いわく、「三十万虐殺は政治的に決まっている事実だ。そのために記念館を建ててある。日中共同調査のプロジェクトなど受けいれる余地などない」と、日本側の提案を峻拒《しゅんきょ》したという（丹羽春喜・京都産業大教授著「孫平化氏との激論三時間」――『正論』昭和63年7月号）。記念館の建設によって三十万虐殺は、あった、なかったの問題ではなく、もはや今日では、政治的に決定をみている事件だ、とうそぶくのである。

朝日新聞の広岡社長の「中国の立場を重視し、中国の言いなりに無理をも通した」結果が、ついにここまできてしまったのである。その朝日が、占領直後の南京の情景をどのように描写し、どのように報道してきたか。それを示したのが第一章である。

再び問う。朝日新聞よ、何れが真なりや。

東京裁判でただ一人、全員無罪を判決したインド代表判事パール博士は、その判決文の最後を次のように予言している。

「時が熱狂と偏見をやわらげ、また理性が虚偽からその仮面を剥ぎとったあかつきには、その時こそ、正義の女神はその秤の平衡を保ちながら、過去の賞罰の多くに、そのところを変えることを要求するであろう」

正にその時は来たのである。否、来さしめなければならない。

第三章　南京攻略戦への道

支那事変の分岐点西安事件はスターリンの指導

西安事件は、中国の政治地図を一夜にして塗り代えてしまった。それは、蔣政権にとって不幸の前兆であったばかりでなく、日本にとっても決定的な打撃をもたらした。そのことは当時だれも気付いていなかったが、歴史的にはこの事件を境に、支那事変は事実上の火蓋を切ったといってもよい。少なくともこの事件をきっかけに結ばれた「第二次国共合作」によって蔣政権は共産党にあやつられる結果となり、やがてコミンテルン指導のもとに、支那は戦争の渦中に巻き込まれて行くのである。

日本の政治家の中にも、また国民政府の要人の中にも、このコミンテルンの野望を洞察する者はなく、まんまと彼らの術中に陥り、彼らによって仕組まれたワナにはまってしまったのが、支那事変であるといえよう。

この年（昭和十一年＝一九三六年）の十二月、剿共（共産党討伐）の督戦に行った蒋介石が、逆に、突如、西安で張学良《ちょうがくりょう》、揚虎城《ようこじょう》軍のために軟禁されるという事件が起きた。十二月十一日夜十時、張学良は、西北軍将領十二人を集めて会議した。その会議の途中、とつぜん叛乱が決定された。口火を切ったのは張学良、監禁を主張したのは、揚虎城であった。

叛乱部隊は二〇〇名、それを二十六歳になる孫銘九《そんめいきゅう》（学良の衛兵長）が率いて、午前五時行動を起こした。蒋介石はわずか二十名ほどの警察と憲兵を同伴したのみであった。警察公安局、ついで憲兵詰所を難なく突破し、華清池《かせいち》護衛隊と撃ち合ったが、間もなくこれを突破した。蒋介石は銃声を聞いて、寝巻きのまま裏の驪山《りざん》にのがれた。が、やがて孫銘九に発見されて、つれもどされる。そして午前六時までに、学良の叛乱行動はいっさい終った。

十二日には、示し合せたごとく、周恩来《しゅうおんらい》がまっ先に西安に飛んできた。十三日には、学良、虎城と会議し、蒋介石と会う。蒋はかつての部下で、しかもその首に八万元の賞金をかけたことのある周恩来が現れたのを見たとたん、恐怖で顔面蒼白になったという。彼はすでに共産軍が西安に侵入し、自分は捕虜として共産軍に引渡されるものと思ったのである。

じじつ共産軍は、「蔣介石誅殺《ちゅうさつ》」を首脳会議で決定していた。ところがスターリンじきじきの指令が支那共産党幹部あてに発せられた。その指令というのは、「即時、蔣を釈放せよ、さもなくば貴党とはいっさい関係を絶つ」という断固たる調子のきびしい命令であった。

しかるにこの時、共産党内部はもちろん、学良の東北軍、虎城の西北軍内部においても、蔣介石処刑論、みせしめのため蔣を処刑せよという意見が圧倒的であった。ことに毛沢東《もうたくとう》は、モスクワからの指令が来たとき、じだんだを踏んで口惜しがったという。彼はそれまで、蔣介石を公判にかけ、西北抗日防衛政府を樹立するつもりであったといわれる。

周・蔣の会談によって、蔣は次の六項目を呑まされた。

一、内戦を停止し、国共合作すること。

二、今後の日本の侵略に対する武装抵抗政策を規定すること。

三、南京の若干の「親日」官吏を罷免し、積極的外交政策を採用して、英米およびソ連と緊密な関係（できれば同盟）をつくること。

四、東北軍（学良軍）および西北軍（虎城軍）に中央軍と（政治的にも軍事的にも）同等の待遇を与えること。

五、人民にもっと大きな政治的自由を与えること。

六、南京に一種の民主主義的政治機構を樹立すること。

この六項目を蔣介石が呑んだことによって、スターリンのいう「日本と国民党を戦わしめよ！　両者疲弊困窮《ひへいこんきゅう》のきわみにおいて、天下は自ら共産党のものとなろう」というコミンテルンの戦略は、図式通り、そのままの軌道を走りはじめるのである。

第七回コミンテルン大会は、一九三五（昭和十）年七月二十五日から八月二十五日まで一ヵ月にわたって、世界六五支部の代表五一〇名をモスクワに招集して開催された。

この大会で決定された世界戦略は次の通りであった。

米・英・日・独等の資本主義諸国を崩壊せしめて、世界を共産化せしめるためには、ソビエト連邦一国がこれらの国々と戦い勝つことは到底不可能であり、考えうることではない。いま眼前の急務は、アジア正面の日本、およびヨーロッパ正面のドイツを撃破することである。だが、当時のソビエト連邦の力をもってしては、この二国といえども戦い倒すことは困難である。そこでこの二国を欺くため、ドイツとのあいだには不可侵条約を締結（一九三九年）し、日本とのあいだには中立条約を締結（一九四一年）し、彼らをして安心せしめ、日本は国民政府および米国と戦わしめ、ドイツは英仏と戦わしめる。

孫子のいう〝夷を以て夷を討たしめる〟戦略である。

日本と米国――この二つの資本主義帝国は、ともに中国および東南アジアの市場を争って、激しい対立関係にある。さらに太平洋をはさんで世界最強の巨大な海軍力を擁して相対峙している。終局的には、この二大帝国を激突させることだ。かくて、これら資本主義諸強をもって眼前の敵を包囲し、彼らをして互いに相討ち、相戦わしめて、共に倒れるのを待つ。

――これが、彼らの目ざす共産主義世界革命のための戦略であり、第七回コミンテルン大会が打ち出したテーゼであった。

長いこと娯楽もない西北の山中に釘付けされて、戦争を強いられ、憤懣《ふんまん》やる方ないプレイボーイの張学良が、怪我の功名で、蒋介石を監禁したという。このニュースをきき、スターリンは諸手を打って喜んだ。そして前述のような、「即時、蒋を条件付きで釈放せよ」という厳命を下したのである。

エドガー・スノーによると、このとき支那共産党幹部はもちろん、ソ連高官のあいだでも、スターリンの指令を意外とし、スターリンは判断を誤ったのではないかと考えたという。しかしスターリンは、蒋介石が処刑された場合、おそらく国民党首脳たちが怒りにかられ、一転して日本と結び、対ソ条約ないしは中共討伐の共同作戦に出るであろうことを危惧《きぐ》し、蔣救援を指令したといわれる。スターリンの判断に誤りはなかった。

翌一九三七（昭和十二）年一月六日、国民政府の西安剿匪《そうひ》行営《こうえい》は廃止され、その翌日には、親日派の外交部長で、松井大将の〈日中交渉私案〉を受け入れた張　群《ちょうぐん》が罷免《ひめん》された。そして代って親米英派の王寵　恵《おうちょうけい》が就任した。これをきいたソ連大使館附武官エドワード・レービンは、ジョンソン米大使を訪問して、「国民政府は外交政策を転換しました。このことは、以後抗日排日は強化され、アメリカおよびイギリスとソ連との関係はいっそう緊密になるでしょう」と述べ、ジョンソンもまたこれを喜び、レービンと堅い握手を交わしたという。これは蔣介石が西安で応諾した前記第三項の実現であり、同時にコミンテルンの狙う「日本と米英を戦わしめる」ためのワン・ステップに外ならなかった。

このころすでに、南京政府の弱腰を叩くため、陝西省の赤い都である延安《えんあん》からは、周恩来、朱徳、毛沢東ら中共の首領らが相次いで南京を訪れて、国共合作による対日全面戦争について協議を行っており、当時既に共産党の虜《とりこ》となっていた蔣介石は、もはや実際上は自己の意志のみでは対日全面戦争を中止せしむる力を完全に喪失していたのである。

張学良は、軍事法廷で十年の禁錮刑と五年間の公民権剥奪《はくだつ》を宣告された。しかしその翌日には特赦された。異変の醜態をたんにつくろっただけに過ぎない形式罰であった。

目に見えないところで政策転換は進められた。しかも国共合作のその日から、共産党は全国に指令し、対日抗戦を煽《あお》るとともに、国民政府のあらゆる機関に潜入し、戦争挑発の黒子的役割を演じた。そのための「民主的組織」が結成された。もはや排日侮日運動は野放しとなり、それまで激しかった排英米運動はこの時以後完全に終熄《しゅうそく》した。

軍備はどうか。例えば一九三七年度における軍事費（国防建設費をふくむ）は、国家財政の六五・五パーセント、一三億七〇〇〇万元以上の巨額に達し、これを背景として陸軍一七一万人（一九一個師）海軍七三隻（四艦隊）、空軍三一四機（九個大隊および直轄四個中隊）が整備され、一九三八年以降一〇〇万以上の壮丁《そうてい》の軍事訓練が開始されている。とくに陸軍は、中央軍総計九十四万（直系四十八万、準中央軍四十六万）、河南一帯に展開する東北軍十一万、西北軍五万、山西軍九万、宗哲元《そうてつげん》軍十万——この後方拠点として徐州および隴海《ろうかい》線一帯に駐屯する中央軍三十五万といわれた。

すでに骰子《さい》は投ぜられたのである。

すなわち、ソビエトと米・英とが手を組んで、蔣の国民政府の腰を抱き日本と戦わしめる。そのためには、経済的にも軍事的にも支援を惜しまない——という態勢を、着実に急速に作りあげていったのである。

かくして支那事変は起こるべくして起きた戦争であったといえよう。

蘆溝橋事件の挑発者は劉少奇

蘆溝橋《ろこうきょう》にとどろいた昭和十二年七月七日夜の一発の銃声が支那事変のはじまりであることは周知の事実である。

日本は一九〇一（明治三十四）年の義和団事件最終議定書により、北京・天津を中心とする北支一帯に軍隊の駐留権をもっていた。日本ばかりでなく、英・米・仏・伊等も同様であった。

日本軍がこの夜演習中に、何者かのために発砲を受けた。しかし、日中双方、不拡大方針をとり、いったんは鎮静し、現地協定まで結ばれたが、又もや日支両軍に対して激しい発砲があった。発砲は毎夜のごとく続いた。日本側の謀略か、それとも支那側の挑発か、当然のことながら、この論争は、東京裁判の一つのヤマ場であった。

検察側、弁護側の双方から有力な証人が多数出廷して証言し、中国の倪《ニー》検事、米国のサトン検事の反対訊問、これに対するレヴィン弁護人との激しい応酬が続けられた。しかし両者ともきめてを欠き、結局水掛け論的な論争となり黒白はつけかねていた。だが、このとき、蘆溝橋事件は明らかに中国側の日本軍攻撃に端を発したものであるという動かぬ重要証拠が提出された。

　蘆溝橋事件発生当時、埼玉県大和田にあった軍令部直属の海軍受信所（各国の無線電信の傍受を任務としていた）の初代所長和智《わち》恒蔵《つねぞう》海軍大佐（当時少佐）の宣誓口供書がそれであった。昭和十二年七月七日、蘆溝橋で日支両軍の衝突があり、軍令部からの命令で、この事件に関する米・英・ソ・中の傍受配備を厳重にせよというので、和智所長以下職員はほとんど不眠不休で厳戒に当っていた。そこへ飛び込んできたのが、北京の米海軍武官からワシントンの海軍作戦司令部にあてた暗号電報であった。七月十日（土）午後二時過ぎのことである。米海軍が常用している単一換字暗号である。解読してみると次のような内容であった。

「信頼スベキ情報ニヨレバ、第二十九軍宗哲元《そうてつげん》麾下ノ一部不穏分子ハ現地協定ニアキタラズ今夜七時ヲ期シ、日本軍ニ対シ攻撃ヲ開始スルコトアルベシ」

　和智少佐は、この電報は重要と考え、直ちに軍令部に電話したが、土曜日午後のため在室者が不在だったので、かねて懇意の海軍省副官柳沢蔵之助《やなぎさわくらのすけ》中佐に電話して、電報の内容を伝え、処理方を依頼した。

　後日判明したところによれば、海軍側はこれを直ちに陸軍側に伝えたが、陸軍側はこの日すでに現地において停戦協定が円満裡に成立したこと、およびその調印をもって一応蘆溝橋事件の解決と認め、中国の誠意ある実施を期待するのみという段階にあった。

「それは何かの間違いか、デマではありませんか」といって、土曜日の夕方でもあり、陸軍省の副官はこの情報を現地に伝えなかった。

しかるに、果せるかな、この夜中国側は、現地協定をやぶって、今までにない大がかりな発砲を行ってきたのである。日本軍はこれに応戦し、事態は収拾がつかなくなり、東京においても、内地師団に対する動員下命をいったんは見合せていたが、遂に下令を決定、日中の全面戦争へと突入することになるのである。

この間の事情をもう少しくわしく述べると、十一日午前五相会議が開かれ、①支那軍の謝罪と②将来の保障を求めるための威力顕示のため派兵もやむなしとし、これに呼応して陸軍は三個師団の動員を内定した。しかし、支那駐屯軍から参謀本部に停戦協定が成立した旨の報告が入ったので、軍は一応蘆溝橋事件の解決と認め、内地師団に対する動員下命計画を見合せることにした。ところが前述の通り、この夜の支那軍の大規模の夜襲で一切は水泡に帰するのである。

和智大佐も巣鴨拘置所《プリズン》に収監されていた。同囚の河辺陸軍大将（事件当時の北支駐屯軍旅団長）に暗号電報の一件を語った。大将はおどろき、「それは初耳だ、もしその情報が事件発生当時届いていたら、直ちに軍使を二十九軍に派遣して事件を未然に防げたはずである。そうなれば、あるいはその後の歴史は変ったかも知れない。それにしても陸軍省副官まで伝わったものが、なぜ現地に届かなかったか！　残念だッ」と慨嘆したという。

二十九軍副軍長秦徳純《しんとくじゅん》将軍（兼北平市長）は、日本軍が現地協定をやぶって攻撃を仕掛けたと証言しており、これを覆すためにも、是非その真相を証言すべきだということになり、嶋田海軍大将の弁護人高橋義次《よしつぐ》の斡旋で、和智大佐の宣誓口供書の提出となった。

和智大佐は昭和二十二年十月に出所したのを幸いに、米海軍武官ストーン大佐を訪ね、該暗号電報がワシントン海軍作戦部に保存されているかどうかを確かめてもらった。たしかにその暗号は米海軍省に保管されていた。ストーン大佐の義侠的努力で、その写しが証拠書類として裁判所に提出された。珍しくこの証拠は、米海軍の斡旋によるものとして受理され、和智大佐は証言台でこれを証言した。さすがにこの確証の前に、検察側は和智大佐に対し、一言の反対訊問もなかった。

あの一方的といわれた不公正な東京裁判においてさえ、蘆溝橋事件に関するかぎり「日本軍ニヨル挑発的発砲トハ云ヒ難シ」と判定し、暗に中国側の挑発によるものであることを裏付けた。すなわち、東京裁判の判決は、支那事変の火付役は日本にあらずと判定したのである。

満洲事変の口火を切った柳条溝《りゅうじょうこう》事件の例もあるので、蘆溝橋事件も日本軍の謀略によるものではないかと疑っている人は少なくない。東京裁判ももちろん頭からそう思って審理を進めていたのである。しかし、その後の調査によっても、日本軍の謀略であるという証拠資料は全然ない。

今井武夫少将（事件当時、北京大使館附武官）はその著『昭和の謀略』の中で、「この事件に謀略があったとすれば、それは日本軍ではなく、中国側にこそ疑いが濃厚である」「……その謀略は中国共産党の手で仕組まれたもの」と述べ、その裏付けとして、事変三日前の七月四日に、すでに中国共産党中央委員会は、「国共合作を公布する宣言」を発表し、日中の戦争到来を警告している。

さらに事件発生後わずか数時間しかたたず、日中両軍の当事者でさえことの真相が必ずしも判明しなかったにもかかわらず、中国共産党は、七月八日、いち早く対日開戦を主張するような通電を全国に発したことをあげている。

この通電は、中国共産党中央委員会の名をもって、全国の各新聞社、各団体、各軍隊、中国国民党、国民政府、軍事委員会および全国の同胞に宛てたものであって、「全国の同胞諸君！　北京天津危うし／華北危うし／中国民族危うし。全国民が抗戦を実行してのみ、われらの活路あり！　われらは進攻する日本軍に対して断固反撃を加えるとともに、新たな大事変に即応する準備を急ぐよう要求する」と述べ、次のようなスローガンを掲げて対日戦争を挑発している。

「武装して北平（北京の旧名）、天津、華北を防衛しよう！

寸土たりとも日本帝国主義の中国侵略を許さない！

国土防衛のため最後の血の一滴を捧げよう！

全国の同胞、政府、軍隊は団結して民族統一戦線の堅固な長城を築き、日本侵略者の新たな侵略に抵抗し、中国から追い返そう！」

さらに、元中国共産軍の将校であった葛西純一《かさいじゅんいち》氏は、その編訳著『新資料・蘆溝橋事件』（昭和四十九年、中国人民解放軍政治部発行）の中で、謀略の主人公は、中国共産党の劉少奇《りゅうしょうき》であったことを明らかにして次のように述べている。

七・七事変（葛西注・蘆溝橋事件のことを中国ではこう呼んでいる）は、劉少奇の指揮する抗日救国学生の一隊が、決死的行動をもって、党中央の指令を実行したものである。これによって吾党を滅亡させようとして第六次反共戦線を準備していた蔣介石南京反動政府は、世界有数の精強を誇る日本陸軍と戦わざるを得なくなった。その結果滅亡したのは、中国共産党ではなく、蔣介石の南京政府と、日本帝国主義であった。

宋哲元の二十九軍の中に潜入した「一部不穏分子」とは劉少奇の部下である北京大学の抗日学生のことであったのだ。

要するに劉少奇は、党中央の指令により、抗日救国学生を使って、暗夜の蘆溝橋で、日中両軍に、再三にわたって発砲せしめ、日本駐屯軍と宋哲元の二十九軍との衝突を誘発して、支那事変という歴史的大戦争にまで発展せしめたのである（劉少奇は、この事実を後に告白しており、彼が延安の党本部に打った報告の電文も、アジア各地の無電局により傍受されている）。

通州で日本人二百数十名虐殺される

秦郁彦氏は『日中戦争史』の中で次のごとく述べている。

「当時、日本陸軍は、当面する世界情勢の長期的分析にもとづき、中国本土への進出を行わず、満州国を育成し、主敵ソ連に備えて国防軍備と軍需工業力の飛躍的増強を計ることを主眼とする、新国防方針を決定した直後であり、現地軍幹部は、以上の方針にそってできるかぎり中国軍隊との衝突を避けるよう命令されていた」

日本は当時、中央も出先機関も文字通り「不拡大方針」を堅持して中国側の挑発に耐えていたのである。

そのころ日本の政情も不安定であったため、外に向って戦争を構えるようなことはできない事情にあった。広田内閣瓦解後、宇垣内閣は流産し、次いで成立した林内閣は、僅か五ヵ月の短命で終わり、革新陣営のホープとして青年貴族近衛文麿《このえふみまろ》が登場したばかりであった。近衛は五相会議を開き「局地解決方針」を打ち出した。つまり日本の軍も政府もこの事件の拡大をおそれ、〈不拡大方針〉に一致していたのである。

ところが、前述のごとく、中国側の方は、ソ連、米英の後援を得て、抗戦意識強く、戦意満々たるものがあり、挑発的でさえあった。

「百万手をつくしても、日本の北支侵略の国策を撤回させることができないなら、我々として最後に残された道は、日本はどのようにしても、中国を徹底的に滅ぼしてしまうことは不可能なのだ、ということを、戦火の事実によって、日本に示す以外にない」

蔣介石は、いよいよ日本との衝突を覚悟し、各省、各軍に対してこのような発令を行っていた。そして、北平（北京のこと）の故宮博物館の歴代の国宝等文化財は、頑丈な箱につめられて、続々南方へ運ばせた。現在の台北にある「故宮博物館」の宝物がこれである。

一方、国民党および中共特務機関の工作によって、第二十九軍の下級将校・兵士間における抗日意識はいちじるしく高揚していた。

七月九日、蘆溝橋事件発生の直後、日本側では不拡大方針のもとに努力している最中、支那側では蔣介石が各省の高官を集めた大集会にのぞみ、「予はただ今、六個師団を北支に派遣中である」と大見栄を切り、「中国は戦うつもりである」と宣言しているのである。もちろん、この時点における日本は、なんら戦う態勢にはなかった。

戦後日本では「十五年戦争」という言葉がひとり歩きし、教科書にまでそう記述されるようになった。昭和六年九月の満州事変から昭和二十年八月の大東亜戦争敗戦までの十三年十一ヵ月のことをいうのであるが、この言葉の意味は、このような長い間日本は「無謀なる侵略戦争をつみ重ねてきた」という、東京裁判によって烙印《らくいん》された日本罪悪史観を表現したものである。とんでもない言語魔術である。

以上みてきたように、蘆溝橋事変からはじまる支那事変は、日本軍の挑発によるものでもなく、日本の侵略でもないのである。日本はむしろ強いられた自衛のための戦争であったのだ。

それは、その直後連続的に起きた、郎坊事件、広安門事件、通州事件に徴しても明らかである。

郎坊事件というのは、七月二十五日、北京の南約五十キロにある郎坊で、中国側の了解の下に、北京――天津間の切断された電話線修理のため派遣された日本軍が、突如中国軍の射撃を受けて死傷者を出した事件である。

さらに翌二十六日には広安門事件が起きた。日本軍が中国側に事前通告をした上で、北京在留邦人保護のために部隊を派遣したところ、日本軍の一部が広安門を通って市内に入るや、中国軍は突如城門を閉鎖して、本隊と城内に入った派遣兵を切り離し、その双方に対して攻撃を仕掛け、多くの死傷者を出した事件である。

さらに三日おいた七月二十九日には通州事件が起きた。通州の日本人居留民約三五〇人に対し、中国保安隊と暴民が襲いかかり、略奪・暴行のあげく、婦人・子供を含む日本人二〇〇余名が、虐殺された事件である。ある者は耳や鼻を削がれ、女性は陰部に丸太を突き刺され、あるいはワイヤーロープにつながれ、素裸にされて、池に投げ込まれた。あるいはまた、放火した火焔の中に生きた人間を投げ込むなど、目もあてられぬ惨殺であった。そのうえ居留民の家屋はすべて焼かれ、家財は略奪された。

この同じ日（七月二十九日）、塘沽《タンクウ》および天津駐屯の日本軍も攻撃をうけた。北支における日本人居留民の生命財産は極度に脅やかされた。北京の在留邦人は一人残らず引揚げるよう命令が下達された。それでもなお七月を通じて、事変を局地的に止めようとする日本側の意向および努力は、なんら変わるところはなかった。七月十一日の協定をやぶったのは中国側であり、日本の軍事行動は、いずれの事件においても、すべて自衛行動であり、事変の拡大はすべて日本軍の意図に反するものであった。

北支那における日支両軍の戦端は、このような経緯をたどって、ついに日本と中国の全面戦争へと発展するのであるが、これがいったい日本の「共同謀議者により侵略戦争を計画し、準備し、遂行したもの」といえるかどうか。教科書のいう「日本の中国侵略のはじまり」といえるかどうか。

日中の全面戦争へと発展

北支に燃えあがった火の手が、上海に飛び火するには、それほど時間はかからなかった。上海は七月中旬ころからはやくも日支衝突の危険が増しつつあった。国民政府軍はすでに前年末の西安事件直後から、第一次上海事変（昭和七年）のとき取り極めた〈上海停戦協定〉に違反して、非武装地帯に兵を入れ、要塞化を行っていたが、北支事変が起こるや、上海周辺への軍隊配備はいよいよ急激となり、八月に入ると、支那軍は閘北《ぎほく》方面でしきりに演習を行うようになった。

▼八月六日　南京最高軍事会議が全面的抗日戦を決議。これをうけて日本政府は、海軍の要請にもとづき、揚子江流域の全居留民に引揚げ命令を発する。同時に海軍は、二、五〇〇の陸戦隊を四、〇〇〇に急遽増強計画をたてる。

▼八月九日　陸戦隊の大山中尉と斉藤水兵がモニュメント路上で中国保安隊に惨殺される

という事件が発生。日本政府は外交交渉により解決する方針をとり、中国側に対し、保安隊の撤退を要求。

▼八月十日　閣議で海相は状況説明ののち動員の準備を要請する。

▼八月十二日　現地にある第三艦隊司令長官長谷川清中将より「上海四周ノ情勢ハ、一触即発ノ危機ニ瀕セリ」との報告あり、同夜首相官邸に四相（首・陸・海・外）が緊急に会合し、上海の陸戦隊が支那軍に取り囲まれ危機に瀕せるにより米内海相から陸軍の派兵を提議する。

いっぽう現地においては、岡本上海総領事が、大山事件を停戦協定共同委員会に付託したが、列国委員は進んで調停に入る熱意を示さず、やむなく岡本の提案で、日支双方とも相手が攻撃しないかぎり戦端を開かないむね日支委員より双方の司令官に申しいれることを決議するにとどまった。

▼八月十三日　しかしそれにもかかわらず、対峙《たいじ》していた日支両軍のあいだで、ついに戦端が開かれた。この日、閣議において内地軍二個師団の派兵を決定する。

▼八月十四日　国民政府空軍は、上海に在泊する第三艦隊に先制空襲を加えてきた。

▼八月十五日　日本海軍の渡洋爆撃隊も、荒天をついて出撃し、南京、上海方面を爆撃した。いっぽう国民政府は、全国に総動員令を下し、政治、軍事、経済を統一する広範な

戦時体制に入るとともに、大本営を設け、蔣介石が陸海空軍三軍の総指揮官に就任した。
▼八月十七日　ついに日本も、従来とりきたった不拡大方針を一擲《いってき》することを閣議で決定する。従来の〈北支事変〉の名称を〈支那事変〉と改称したのは、九月二日の閣議においてであった。かくして、日中の全面戦争へと発展して行くのである。

上海派遣軍司令官に松井大将大命拝受

松井大将が、上海派遣軍司令官に親補されたのは昭和十二年八月十四日のことである。当時のことを大将自身こう誌している。

昭和十二年八月、富士山中湖畔に静養中、同月十四日陸軍大臣の召電を受く。上京、翌十五日宮中に於て上海派遣軍司令官親補の勅を拝す。翌十六日参謀総長より派遣軍に関する奉勅命令并に参謀総長の指示を受く。

即ち派遣軍の任務は左の如し。

「上海附近ノ敵軍ヲ掃蕩シ、其西方要地ヲ占領シテ、上海居留民ノ生命ヲ保護スルニアリ」

蓋し当時に於ける我政府の政策は、中支は勿論北支に於ても、努めて戦局を局地的に解決し、事件の不拡大を根本主義とせるを以て、上海附近に於ても成るべく昭和七年列国との間に協定せる「一九三二年停戦協定」の精神并にその取極《き》めを遵守し、時局の一時的解決を企図せしものなり。従つて派遣軍の任務は、上記の如く極めて消極的に、上海附近の防衛と、我居留民の消極的保護をその目的とし、派遣軍の兵力も、第三、第十一師団（一聯隊欠）の二個師団弱の微弱なるものなりしなり。

八月十七日午前十時、予は宮中に於て謁を賜ひ、左の勅語を拝す。

「朕卿ニ委ヌルニ上海派遣軍ノ統率ヲ以テス　宜シク宇内ノ大勢ニ鑑ミ　速ニ敵軍ヲ戡《かん》定シ　皇軍ノ威武ヲ中外ニ顕揚シ　以テ朕ノ倚信ニ応ヘヨ」

仍《よっ》て左の如く奉答す。

「臣石根　上海派遣軍司令官ノ大命ヲ拝シ　優渥ナル勅語ヲ賜ヒ恐懼感激ノ至ニ堪ヘス　畏ミテ聖旨ヲ奉戴シ　惟レ仁　惟レ威　克ク皇軍ノ本領ヲ発揮宣揚シ　以テ宸襟ヲ安シ奉ラムコトヲ期ス」

次いで陛下より今後派遣軍の任務を達成するための方針如何との御下問ありたるに依り、予は直ちに、

「派遣軍ハ其任務遂行ニ当リ、密接ニ我海軍ト協同シ、所在ノ我官憲特ニ列国外交団并ニ列国軍隊トノ連絡ヲ密ニシ、協力以テ速ニ上海附近ノ治安ヲ恢復センコトヲ期ス」

と御奉答申上げしに、陛下も御満足気に之を御嘉納あらせられたり。

当時の所感

予は陸大卒業以来、先輩の志を継ぎ、在職の間終始日支両国の提携に因る亜細亜の復興に微力を致せり。支那の南北に駐在せること十有余年、常時支那官民との間に親睦を図り、相互民族の融和提携を祈念せり。満洲事変起るや、予は自ら感ずる所あり、朝野の同志を糾合して「大亜細亜協会」を組織し、我同胞に対し反省を促し、亜細亜の大局に善処すべき国民運動の勃興を図ると共に、一面支那の有識者に対し、孫文の所謂「大亜細亜主義」の精神に覚醒し、真摯《しんし》なる日支提携の実を挙げんことを勧誘せんとし、昭和九、十、十一年の間両三度支那南北を歴訪して、其朝野の知友に檄するなど、一日未だ三十年来の信念を革《あらた》むることなかりしが、今や不幸にして両国の関係は此の如き破滅の運命を辿りつつ、而も予自ら支那軍膺懲《ようちょう》の師を率ひて支那に向ふに至れるは、真に皮肉の因縁といふ可し。顧みて今昔の感禁ぜざる次第なるが、事態は如何とも致し難く、須《すべか》らく大命を奉じて、聖旨の存する所を体し、惟れ仁、惟れ威、所謂破邪顕正の剣を振つて馬稷《ばしょく》を斬るの概深からしめたり。

上海附近の悪戦苦闘

松井大将は、上海派遣軍司令官に任命されたとき、二個師団足らずの兵力では戦闘困難で、かえって犠牲のみ多く、居留民の保護さえ容易ではない、少なくとも五個師団は必要であると主張した。中国軍の実情にうとい中央統帥部は、一万二〇〇〇の関東軍が二十万の張学良軍を征圧した例を引いて松井の主張をしりぞけ、結局二個師団足らずの派兵となった。

この時の参謀本部第一部長は石原莞爾《かんじ》少将であり、陸相は杉山元大将である。杉山陸相は天皇の支那事変に対する見通しについてのご下問に「三ヵ月もあれば片付けることができると存じます」とご奉答している。中央の支那軍に対する認識は、こんな程度であった。

上海派遣軍は、八月二十三日、海軍の協力のもとに、上海附近に敵前上陸したが、中国軍の軍事施設は極めて堅固であり、近代装備を有する大兵力を集中していたので、派遣軍は非常な苦戦に陥った。加えて一兵卒にいたるまで徹底的に抗日意識に燃えているうえに、米・英・ソの支援と武器輸入で近代化にはげんできた国民政府軍の戦力は、六年前の馬賊の集団のような軍隊の比ではなかった。松井大将のいうとおり、上海戦は、まず敵前上陸から悪戦苦闘の連続であった。加えて、上海附近の地形は、クリークが網の目のようにひろがっており、野砲以上の火砲は使用できないだろうという兵要地誌に対する判断の誤りがあり、日本軍は、戦車や大口径砲の装備が貧弱であった。

これに対する中国軍は、張治中《ちょうじちゅう》の指揮する約十万の兵力と、陳誠《ちんせい》の指揮する約十八万、張発奎《ちょうはつけい》の指揮する約二万、計三十万が、馮玉祥《ひょうぎょくしょう》総指揮の下に、水濠の錯綜した地区に堅固な数陣地を構築して、わが方の攻撃に対して頑強な抵抗を反復した。

戦局の停滞を憂えた参謀本部は、西村敏雄部員（少佐）を上海方面に派遣した。西村は現地を視察して、「両師団の補充員の輸送、幹部の補充、北支より師団の転用、野戦重砲聯隊の派兵」を打電した。陸軍の中央部においても、上海方面の兵力過少のため犠牲多く、日増しに作戦部を非難する声が強まった。しかし石原作戦部長は、増兵しても焼け石に水だといって容易に同意せず、陛下が出せといわれれば別だが、そうでなければ出さぬと頑張っていた。しかし、上海方面の悲惨な戦況を打開する必要があるので、ついに増兵に同意せざるをえなくなった。この間の事情を松井大将は次のように述べている。

予は我政府及び統帥部の方針に遵い、上海附近の戦闘に際し特に左記方針を採り、部下各隊に対しても常時この方針の徹底に努力せり。即ち左の如し。

一、上海附近の戦闘は専ら我に挑戦する敵軍の戡定を旨とし、所在の支那官民に対しては努めて之を宣撫愛護すべきこと。
二、上海附近の戦闘に依り列国居留民及びその軍隊に累を及ばさざることに専念し、特に列国官憲及びその軍隊と連絡を密接にし、彼我の誤解なきを期すること。

然るに上海附近の支那官民は、蔣介石多年の排日侮日の精神相当に徹底せるにや、到る処我軍に対し強き敵愾心を抱き、直接間接我軍に不利なる諸般の行動に出でたるのみならず、婦女子すらも自ら義勇軍の一員となり、又は密偵的任務に当れるものあり。自然作戦地域は極めて一般に不安なる情勢に陥り、我作戦の進捗を阻害せしこと少なからず。殊に蔣介石は、漸次支那各地よりその軍隊を江南地方に集結し、我軍の作戦初期に於て之を撃攘する計画を有せしものの如く、支那軍は夜襲その他の方法を以て我軍に向い積極的攻勢に転じ、予断を許さざる険悪なる状態となれり。

ちなみに九月十七日頃に於ける支那軍の江南地方に集中せる兵力は既に四十三個師団に及び、当支那各地より約二十個師団を集結しつつありたり。

茲に於て、上海附近の我居留民を保護せんとする当初の消極的方針にては、容易にその目的すら達成すること難く、遂に我陸海兵力を増強して江南附近一帯を掃蕩するに非ざれば、我派遣軍の目的を達成すること能はざるに至り、自然作戦は、漸次にその局面を展開

し、遂に第十軍派遣となれり。(「支那事変日誌」より)

最初、派遣軍は第三師団と第十一師団(天谷支隊を欠くも後に増派)の二個師団足らずで、八月二十三日、敵前上陸を開始、九月十四日、重藤支隊増援、これを貴陽湾《きようわん》に上陸せしめた。しかしそんな姑息な措置ではどうにもならず、ついに中央統帥部は第九、第十三、第百一師団の三個師団の増援を決定した。結局松井大将が最初に主張した五個師団投入ということになったわけである。作戦上もっとも拙劣といわれる〝逐次増兵〟である。それだけに無駄な犠牲を強いられる結果となった。

松井軍司令官は九月二十九日、増援部隊を含む作戦計画を立て、目標を大場鎮におき、右から第十一、第九、第三、第百一の各師団を並列し、第十三師団を予備として、総攻撃を実施した。死闘につぐ死闘、悪戦また悪戦、羅店鎮《らてんちん》の攻撃だけでも前後二十日以上を要した。大場鎮を占領したのは、約一ヵ月後の十月二十六日であった。日露戦争の二〇三高地の屍山血河に次ぐ、大量の戦死者を輩出した稀にみる苦戦の歴史を記録した。

「上海戦における日本軍の戦死は九一一五、負傷は三一二五七(十一月八日まで嶋田繁太郎日誌)を算し、南京占領までをあわせると戦死二一三〇〇、負傷五万余に達し(著者注・病者をふくむ)最初から上海戦に投入された部隊は、定員とほぼ同数の損害をうけている。たとえば第十一師団の和知聯隊(第二師団)は定員三五〇〇名のうち戦死一一〇〇、戦傷二〇〇〇余の損害を生じ、この間十一回にわたって二五〇〇—三〇〇〇を補充した。また十八聯隊（第三師団所属、聯隊長石井嘉穂大佐）は戦死一二〇〇、戦傷三〇〇〇の損害を受けている」

中支那方面軍司令部

そこで中央部はさらに、柳川平助中将の率いる第十軍を編成した。

第十軍は、第六、第十八、第百十四の各師団および国崎支隊をもって編成され、第四艦隊（司令長官豊田副武海軍中将）護衛のもとに約一〇〇隻からなる大船団に分乗して、五島列島沖を出発し、十一月五日杭州湾に上陸した。翌六日「日軍百万杭州湾上陸」のアドバルーンが上海の空高くにあがった。

無血上陸した第十軍は、十一日以来退却に移った中国軍の退路を遮断するため、崑山《こんざん》、嘉興《かこう》方面への追撃の命をうけ、十五日および十九日には崑山および嘉興を占領した。

いっぽう北支方面軍より抽出された第十六師団は、中国軍の退却に応じ、作戦予定をくりあげ、揚子江上流七十五キロの白茆江《はくぼうこう》に十一月十三日上陸し、十九日には常熟《じょうじゅく》を占領した。

これらの各部隊を統一指揮するために、十一月七日《中支那方面軍司令部》が設けられた。松井石根大将は、その軍司令官に任ぜられた。参謀総長塚田《つかだ》功《いさお》少将、参謀副長武藤《むとう》章《あきら》大佐（のち東京裁判で絞首刑）である。

上海派遣軍司令官を松井大将はしばらくの間兼任していたが、十二月二日、朝香宮鳩彦《あさかのみややすひこ》中将が親補され、松井大将の兼任は解かれた。すなわち、松井大将は、柳川中将の率いる第十軍と、朝香宮の率いる上海派遣軍と、この二軍団の作戦指揮にあたる《中支那方面軍司令官》に親補されたのである。

ここで注意すべきことは、中支那方面軍の任務は、上海派遣軍司令部と第十軍司令部の上にあって、両軍の指揮統一をはかるにあった。その幕僚は僅かに参謀七名と、副官三名、顧問通訳等あわせ二十名足らずの世帯であって、他に何等の機関もなく、人員もないということである。つまり直接兵力の運用指揮は上海派遣軍および第十軍の司令官がそれぞれ管掌することになっているのであって、従ってこの両司令部にはそれぞれ参謀部、副官部のほかに、兵器部、経理部、軍医部、法務部など完備し、軍紀風紀を取締り、あるいはその違反者を処罪する権限を有していたのであるが、松井大将は右のごとき機関を全然持たず、たんに両軍司令部に対して作戦を調整することを任務としたのである。すなわち松井大将は十二月二日、その兼任を解かれた以後は、現地将兵に対する指揮・監督関係はまったく間接となったのである。

このことは東京裁判でも問題になった点である。松井大将には将兵を直接具体的に統率・監督する権能はないのである。本来日本軍隊においては、将兵の軍紀風紀を維持・粛正する権限職務は師団長にある。しかし松井大将は、「決して自分は責任回避をするものではない」と前おきして、この日本軍隊の指揮系統および管轄権について説明している。

しかしこうしたことには、聞く耳をもたぬというのが東京裁判であった。

中立だった米英が突然日中の戦争に介入した理由

上海附近の戦闘から南京攻略にいたる戦闘で特記すべきことは、米・英・仏等の日本軍に対するあからさまなる作戦妨害であった。

日本軍は、蘇州河作戦で、米英の妨害にあっており、黄浦口の敵前上陸時には、フランス軍艦が作戦地域を横切るという事件があり、将兵の憤激をかっていた。

パネー号事件は明らかにわが海軍の誤爆である。政府は時をおかず、平あやまりにあやまった。国民もこの事件の拡大をおそれた。「東京日日新聞」（現在の「毎日新聞」の前身）は、一読者の「国民献金でパネー号を建造してお返ししよう」という提言をとりあげて、募金運動を起こし、国民的謝罪の意を示した。

当時日本国民がいかに米英の干渉をおそれていたかを知ることができる。ルーズベルト大統領は、パネー号の撃沈を怒り、これを好個の材料とし、対日宣戦布告を討議したといわれる。

英商船レディバード号の方は、おもむきを異にしていた。南京陥落の十二月十三日、中国兵があらゆる船舶を狩り集めて搭乗し、群をなして揚子江上を退却するのを、第十軍司令官柳川中将が、これらの船舶を砲撃すべしと命令し、この命令を受けて砲兵部隊長橋本欣五郎大佐はこれを執行した。その群がる船団の中にレディバード号がいたのである。しかも全くの濃霧のため、英商船であるか否か、認知することができなかったために発生した不慮の事件である。わが方の誤認の手落もさることながら、戦場の其只中をことさら遊《ゆう》弋《よく》するなど作戦妨害の意図あきらかで、敗退する中国兵の庇護に任じたものとみられてもやむを得ない。事実、中国の敗残兵多数をこれら艦船は満載していたし、なかには米英の国旗をジャンクに掲げて遁走するものもいた。

松井大将は、このような事件の起きる前に、英国艦隊司令長官リットル大将および陸軍司令長官スモーレット少将に対し、十一月十日および十七日の二回にわたって、親しく会見し、わが方の出兵に至った事情を説明し、わが方も貴国の権益を守るゆえ、作戦妨害などなきよう諒解を求めていた。すなわち、大将とすれば、このような不幸な事故が起きないよう、事前に心を砕き、注意を促していたのである。

大将は、敗残の中国兵を搭乗させ、あるいは庇護し、あえてわが方の作戦を妨害した英軍艦や商船に心中憤りを覚えており、それだけに日本政府の卑屈な態度に対する不満を言外に表明しているのである。大将は列国の権益の錯綜する中にあって、正論は正論として主張するいっぽう、それらの権益の擁護と、親善友好にはひとかたならず心を砕いたのである。

〔参考文献〕

邦訳『中国のなかのソ連』二四頁・七六頁・七三一頁

邦訳『中共雑記』二七頁

橘川学著『日本は侵略国ではない』九八頁

東亜研究所『重慶政権の政治』二〇頁

安倍源基著『昭和動乱の真相』二七二〜四頁

秦郁彦著『日中戦争史』一六三頁、二八一〜二頁

山岡貞次郎著『支那事変』二四二頁

新勢力社編『日本人が虐殺された現代史』〈田上憲治〉四八頁

松井石根『支那事変日誌抜萃』

防衛研修所戦史室著『支那事変陸軍作戦』(1)一九六頁

第四章　南京攻略戦が大虐殺にすり変わった真相

日本軍が「制令線」をなぜ突破したか

揚子江の白茆口《はくぼうこう》の上陸成功にともない、中支那方面軍は予想以上の速度をもって、蘇州——嘉興の線に到達する勢いを示した。蘇州——嘉興の線が「制令線」であって、ここまでの討伐をもって派遣軍の任務は一応終了することになっていた。

松井軍司令官及び塚田参謀長らの意見は、上海戦の激闘で派遣軍の消耗大きく、ひじょうに疲れている、いったんは停止して整理し、休息をとる必要がある、急追は困難、という状況にあった。ところが、第十軍は、杭州湾の無血上陸で、勢い甚だ盛んで、前面にさしたる敵影もなく、奔馬のような勢いであった。すなわち第十軍は、十一月十五日夜、柳川軍司令官臨席のもとに幕僚会議を開き、軍主力をもって独断南京追撃を敢行することを決していた。その理由は、不徹底な湖東会戦のため、すでに敵軍主力殲滅の機会を逸したが、敵は混乱状態にあり、この機会をとらえ一挙に追撃を敢行すれば二十日間で南京は占領できる——との判断によるものであった。そして十七日には「南京ニ向フ追撃作戦指導要領」を作成し、十八日には「一挙ニ南京ニ敵ヲ追撃セントス」の方針のもと、隷下各兵団に内命を与え、翌十九日には同命令の実施を下達した。ほとんど独断専行である。

これを要するに、第十軍がほとんど独断専行で突走り、方面軍がこれに追随し、中央は河辺課長を派遣するなどして慎重を期していたが、結局、引きずられる形で「制令線廃止」の結論を出した。十一月二十四日のことである。

各師団追撃隊は滬寧《こねい》鉄道、江南大運河、太湖《たいこ》及び太湖をはさむ南北道路沿いに追撃し、二十九日、常州を占領した。第十軍の各師団も長興《ちょうこう》(二十五日)、宜興《ぎこう》(二十八日)、広徳《こうとく》(三十日)をそれぞれ占領した。

参謀本部より「南京追撃」の下命があったのは十一月二十八日のことである。このときすでに第十軍は、嘉興を出発して湖州を占領(十一月二十四日)し、一部は長興・宜興の線にまで進出していた。方面軍も蘇州《そしゅう》——常熟《じょうじゅく》の線を突破して、無錫《むしゃく》を占領(十一月二十七日)していた。

南京攻略作戦経過要図
(昭和十二年十一月下旬～十二月中旬)

(『支那事変陸軍作戦』〈1〉より)

南京攻略の大命下る

発馬機を飛び出した競馬馬のような勢いで、各部隊は轡《くつわ》を揃えて、南京街道を突走った。ことに第十軍はほとんど無傷で、上陸したばかりである。第百十四師団（宇都宮・末松茂治中将）は宜興——溧陽《りつよう》——溧水道《りつすいどう》を、第六師団（熊本・谷寿夫中将）は長興——広徳——洪藍道《こうらんどう》を、第十八師団（久留米・牛島貞雄中将）は広徳——十字舗——太平の南京道を小丹陽まで進出させたが、途中、南京を脱出して南下する敵の大部隊を捕捉すべく、進路を変更して甯国《ねいこく》——蕪湖に向わしめた。

派遣軍も十日間の休養が必要とされていたが、第十軍の動きに引きずられるかたちで、第十六師団（京都・中島今朝吾中将）の追撃隊は江南大運河に添って常州——丹陽——句容の南京街道を、第十三師団（仙台・荻洲立兵《おぎすりっぺい》中将）は江陰要塞に向い、これを陥して、揚子江南岸を鎮江に向った。

天谷支隊は鎮江から揚子江を渡河し、蔣県に進出すべく、丹陽に待機した。第九師団（金沢・吉住良輔中将）は常州から金壇《きんだん》に進出し、ここで待機した。

しかし、南京攻略の命令が正式に多田駿参謀次長によってもたらされたのは、十二月一日であった。

「南京城攻略要領」

攻略戦は、各部隊とも南京へ！　南京へ！　と敗走する敵と入り乱れる格好で、昼夜の別なく強行軍を続けた。夜が明けてみたら、隣を歩いているのが中国兵だったというような話はザラであった。

もっとも外側を迂回した第六師団の進撃速度はめざましく、北方からの上海派遣軍と、南方から追撃する柳川軍との間に生じた進撃競争は、翌年一月に予定された南京占領を約一ヵ月短縮させる軍事的成功の一因となった。

十二月六日には朝香宮中将が着任し、松井大将との間で、上海派遣軍司令官の中継が行われた。

七日には、始めて上海――蘇州間の鉄道が開通し、松井大将は、方面軍司令部を蘇州に前進させた。蘇州の敵は抵抗することなく放棄したため、人畜の被害全くなく、戦禍も火災もなくすでに自治委員会が設立され、治安は回復し、わが領事館も開設されていた。

大将は蘇州に入るや直ちに参謀を集め《南京城攻略要領》を示達した。松井大将は、この様な南京攻略要領という指令を出していないとの前提で、東京裁判によって処刑されたのである。

その内容は次の通りである。

一、南京守城司令官若クハ市政府当局尚残置シアル場合ニハ開城ヲ勧告シテ平和裡ニ入城スルコトヲ図ル　此際各師団ハ各々選抜セル歩兵一大隊（九日、三大隊に訂正）ヲ基幹トスル部隊ヲ先ツ入城セシメ城内ヲ地域ニ分チテ掃蕩ス

二、敵ノ残兵尚城壁ニ拠リ抵抗ヲ行ウ場合ニハ戦場ニ到着シアル全砲兵ヲ展開シテ砲撃シ城壁ヲ奪取シ各師団ハ歩兵一聯隊ヲ基幹トスル部隊ヲ以テ城内ヲ掃蕩ス

右以外ノ主力ハ城外適宜ノ地点ニ集結ス

三、城内掃蕩戦ニ於テハ作戦地域ヲ指定シ之ヲ厳ニ確守セシメ以テ友軍相撃ヲ防キ且不法行為ニ対スル責任ヲ明カナラシム

四、城内ニ於ケル両軍ノ作戦地境

共和門――公園路――中正街――中正路――漢中路

五、各軍ニ対スル配当城門

派遣軍　中山門、太平門、和平門

第十軍　共和門、中華門、水西門

六、南京入城後ノ処置
㈠各兵団ニ地域ヲ指定シテ警備ニ任セシメ主力ハ城外適宜ノ地点ニ集結ス
㈡入城式、合同慰霊祭、防空部隊ノ推進、南京警備部隊ノ配備等ノ件（略）
七、南京城ノ攻略及入城ニ関スル注意事項
㈠皇軍カ外国ノ首都ニ入城スルハ有史以来ノ盛事ニシテ永ク竹帛《ちくはく》ニ垂ルヘキ事績タルト世界ノ斉シク注目シアル大事件ナルニ鑑ミ正々堂々将来ノ模範タルヘキ心組ヲ以テ各部隊ノ乱入、友軍ノ相撃、不法行為等絶対ニ無カラシムルヲ要ス
㈡部隊ノ軍紀風紀ヲ特ニ厳粛ニシ支那軍民ヲシテ皇軍ノ威武ニ敬仰帰服セシメ苟モ名誉ヲ毀損スルカ如キ行為ノ絶無ヲ期スルヲ要ス
㈢別ニ示ス要因ニ基キ外国権益特ニ外交機関ニハ絶対ニ接近セサルハ固ヨリ外交団カ設定ヲ提議シ我軍ニ拒否セラレタル中立地帯ニハ必要ノ外立入ヲ禁シ所要ノ地点ニ歩哨ヲ配置ス、又城外ニ於ケル中山陵其他革命ノ志士ノ墓及明孝陵ニハ立入ルコトヲ禁ス
㈣入城部隊ハ師団長カ特ニ選抜セルモノニシテ予メ注意事項特ニ城内外国権益ノ位置等ヲ徹底セシメ絶対ニ過誤ナキヲ期シ要スレハ歩哨ヲ配置ス
㈤略奪行為ヲナシ又不注意ト雖モ火ヲ失スルモノハ厳罰ニ処ス　軍隊ト同時ニ多数ノ

憲兵、補助憲兵ヲ入城セシメ不法行為ヲ摘発セシム

松井大将が南京攻略に際していかに軍紀風紀に対し、また列国の権益擁護に対し、さらには南京市民の保全と安寧に対し、配慮したか、この一文でも知られよう。

これだけではない。さらに大将は、麾下《きか》両軍（上海派遣軍と第十軍）に対して、おのおの当面の敵を駆逐して、南京東方紫金山の線に進出するよう部署し、次のように末端の将兵に対する訓戒を重ねて発令した。

南京ハ中国ノ首都テアル　之カ攻略ハ世界的事件テアル故ニ　慎重ニ研究シテ日本ノ名誉ヲ一層発揮シ中国民衆ノ信頼ヲ増ス様ニセヨ　特ニ敵軍ト雖モ抗戦意志ヲ失ヒタル者及一般官民ニ対シテハ寛容慈悲ノ態度ヲ取リ之ヲ宣撫愛護セヨ

この一文は、大将自らが起草し、下士兵卒にいたるまでこれを徹底せよと命じた。各部隊長も大将の意を汲んでその徹底を期した。

大将は、これでもなお不安であり、満足しなかった。国際法や慣習法の顧問として内地から同行をもとめた国際法学者斉藤良衛博士を招いて相談のうえ、次のような趣旨の訓令を作成した。

①南京城を攻めるにあたって、派遣軍及び第十軍は城外三、四キロの線まで進出した上、いったんその線において停止すべし。

②十二月九日、飛行機をもって降伏勧告文を撒布する。
③支那が降伏勧告に応じた場合は、各師団から選抜した二〜三個大隊と憲兵のみを城内に入れ、図示した外国権益および文化施設の保護にあたれ。
④降伏勧告に応じない場合は、十二月十日正午を期して総攻撃を開始する。この場合も城内に入る部隊の行動は前記と同様に処理し、特に軍紀風紀を厳粛にし、速かに城内の治安を回復すべし。

いかに松井軍司令官が南京への皇軍入城に細心であり、ひと知れず心を砕いたかが察せられる。

想像を絶する南京城内外での中国軍の破壊と略奪

この時期——すなわち十二月七日、早くも蔣介石は宋美齢《そうびれい》とともに飛行機で南京を脱出していることに注目したい。蔣は自ら抗敵総司令官に任じ、政府首席であると共に南京防衛の最高責任者としての地位にあった。その蔣総統が、市民や将兵を置きざりにして、夫人とともに漢口に落ちのびてしまったのである。

蔣介石ばかりではない。軍政部長の何応欽将軍も、参謀総長の白崇禧《はくすうき》将軍も、多くの高級参謀等を引きつれて、八日夜、夜陰に乗じて下関《シャーカン》から汽船で浦口に渡り、待ち受けた汽車で某地に急行し、そこから飛行機で漢口に脱出した。蔣の親衛隊も七日夜半から八日にかけて、下関から船で浦口へ脱出した（白崇禧は、南京を死守防衛せよという命令には最後まで反対したといわれる）。

いわば王も飛車、角、金銀も、戦い半ばでズラかってしまったのである。そのため第一線からのがれてきた敗残兵が城内に殺到した。支那軍独特の略奪や放火がはじまったのである。南京防衛司令官唐生智《とうせいち》上将は、六日夕刻を期して、南京四囲の城門を一斉に閉鎖するよう命じた。同時に戒厳令を布告した。句容《くよう》および秣陵関《まつりょうかん》、淳化鎮《じゅんかちん》の一戦に多大の犠牲を出してもろくも敗れた大部隊が、東方および東南方から軍工路伝いに雪崩をうって南京城内に殺到した。しかし、彼らは城内に入れず、城外でわめき、訴え、さらには近郊の町や村落で手当り次第略奪・放火をはじめた。

昭和十二年十二月十日の「朝日新聞」は、八日発ニューヨーク特電を一面トップに掲げている。「日本に渡す〝廃墟南京〟」「狂気・支那の焦土政策」「数十億の富抹殺〔外国軍事専門家の観察〕」（第一章「日本に渡す廃墟南京」参照）。

蔣介石ら政府および軍首脳部が南京を脱出した十二月七日以降、十三日の陥落までの五日間、南京市外も市内も全くの無政府状態におかれ、「組織的な破壊が支那人自身の手によって行われ」、支那軍による略奪・放火・破壊の被害は、日本軍の爆撃や砲撃による被害の一〇倍以上だというレポートを「ニューヨーク・タイムズ」が伝えているというこの事実である。東京裁判をはじめ、中国側の資料や、南京に大虐殺があったとする「大虐殺派」の論者たちは、これらの被害を全部日本軍の行為として告発しているのである。

また彼らは、首都を放棄して南京を無政府状況に放置し、禍乱に導いた蔣介石ら中国側首脳の重大責任については、一言もふれようとしない。この特電を打った「ニューヨーク・タイムズ」のダーディン記者は、これに関し、憤慨をあらわに、中国側指導者の責任を問うている。

「確かに、蔣将軍はあのような大混乱の起るのを許すべきではなかった。また、唐将軍も（南京防衛司令官唐生智も南京陥落の前日、十二月十二日夕刻部下と市民を置きざりにしたまま南京を脱出している）、自分が最後までやり通す任務を放棄し、とどのつまりは不首尾に終った。（このような市民の）犠牲の道をふみ出したことは強く非難さるべきである。（中略）唐は自分の幕僚の多くのメンバーにさえも知らせず、指揮者なしに軍を置きざりにしたことは、全面的な壊滅への合図となった」

ダーディン記者は最後にこういっている。「かくて、南京攻防戦は、中国、日本双方にとって、まことに不名誉な形で終りを告げた」と。

中国兵の略奪は常套手段だった

中国には「良鉄は釘にならず、良民は兵にならず」という俚諺《りげん》がある。つまり間違っても兵士になどなるな、兵士になるようなものは、ろくなものではない、真面目な人間は兵にはならないという意味である。

なぜか。戦争に勝てば勝ったで、敗ければ敗けたで〈略奪〉するからである。古来中国においては、戦争と略奪はつきものであり、公認でさえあった。これが彼等の報酬であり、役得であったからである。

司馬遼太郎の『項羽と劉邦』にこんな話がのっている。

「劉邦《りゅうほう》軍、士卒の士気の点で項羽《こうう》軍に劣っていた。それは劉邦から軍政面を一任されている蕭何《しゅくか》が、きわめて厳格で、占領地で略奪することを禁じていたからである。歴世、この大陸にあっては、兵士と盗賊の区別がつきがたく、戦って勝てば略奪し、略奪を期待することで士気もあがるという習性があったが、蕭何は極端にこれをきらった」

つまり、兵士と略奪の関係は、『三国志』時代以前から、歴世、この国の習性なのである。

犬飼総一郎氏（通信班長・陸軍少尉）は、南京に向う追撃戦で、「自分は常に第一線にあった十一月二十五日無錫、二十九日には常州に進出した、無錫も常州も中国兵による略奪の跡歴然たるものをこの目で見た、いかにそれが物凄いものか、全く想像外であった」といっている。

また**第十九旅団長草場《くさば》辰巳《たつみ》少将**は、北支作戦のとき、隆平県《りゅうへいけん》城の城壁の上から、十月十三日未明、はからずも敗残兵による略奪の場面を見たという。すなわち、「隆平県城になだれ込んだ敗残兵は、住民から衣と食と財宝を奪って便衣化し、明け方になって逃げ出す算段で、城壁がすでに日本兵によって占領されたのも知らず、城内は敗残兵による略奪で阿鼻叫喚の街と化し、日本兵はただしばし呆気にとられて、この地獄図を城壁から眺めていた」というのである。

前述のダーディン記者の記述や、またエスピー米副領事も同様に中国兵の略奪・暴行ぶりを漢口にいる米大使に報告している。これでも明らかなように、南京市内の十二日から十三日にかけての、便衣や食糧を奪って遁走《とんそう》する略奪の大狂乱は、草場少将の報告以上の地獄図であったと思う。

中沢三夫中将の証言

「日本軍人による物資取得の事実は憲兵から少数の通報を受けた。然し住民の逃亡とともに貨財も殆ど全部搬出せられて家屋は空家同然のものが多かった。従って日本軍が組織的、集団的に略奪したという事実は全く関知しない。勿論司令部がかかる不法行為を命令し、黙認し、許容した事実は全くない。中国の戦場における略奪、破壊は大部分が退却する支那軍に続いて、闖入《ちんにゅう》する窮民の常套手段であるということを、私は略奪の被害者である支那人から直接聞いている」

上海派遣軍参謀長飯沼守少将の証言

「南京入城後少数の略奪、暴行の事実が松井大将に報告されたが、松井大将は屢《しばしば》の訓示にも拘らずこの事ありしを遺憾とし、全軍将校に不法行為の絶無を期する様訓示し、不法行為者を厳罰に処すべきことを主張せられ、不法行為者は夫々処罰せられた。爾来《じらい》軍紀は厳正を極め、第十三師団の如きは、法務部の処置が厳しすぎると抗議を申し出たほどである。

松井大将の命により十二月十九日、第十六師団の外は全部東方地区へ遠く退去させ、軍紀風紀の厳正遵守を命じ、城内の秩序回復を計った。

私は一九三七年十二月十六日、二十日、三十一日の三回城内を巡視したが、屍体を市中に見たことはない。下関附近で数十の戦死体を見ただけであり、数万の虐殺体など夢にも見たことはない。

火事は小火災のあったことは認めるが、組織的放火のあったことは見たこともなく、報告を受けたこともない。城内の民家の焼失しているのは極く少数で、殆ど旧態を存していた」

独立軽装甲車第二中隊の小隊長畝本正巳《うねもとまさみ》氏の証言

「南京が陥落すれば、戦争は終り内地に帰れる。早く戦争を終えて帰りたい。ただし、事故を起こした部隊は、いつまでも支那に留めおかれるぞ、早く帰りたかったら軍紀を守って事故を起こさないことだ！　そう信じられていた。部隊長以下「事故を起こすな」と厳命されており、松井大将の教訓を守り、皆揃って早く帰国できるよう行動を慎め！　というのが合言葉のようになっていた」

この畝本氏の話は、著者が、どこの部隊のだれに会っても聞く話である。

そこで各部隊とも、戦友同士牽制しあって、火事は出すな、略奪などもっての外だと戒めあった。戦地で強姦は銃殺刑であるとされ、軍律はきびしすぎるほどきびしかったと一様にいう。東京裁判でいうように、日本軍は〝悪魔の集団〟でもなければ決して〝酔っぱらって〟いたのでもないのである。

和平の「投降勧告文」を撒布

ここで日本軍の包囲態勢についてふれておく必要がある。

南京城攻撃に参加した日本軍は、上海派遣軍（軍司令官朝香宮中将）の第十六師団（京都）、第十三師団（高田）の山田支隊（歩兵第百三旅団長山田梅二《せんじ》少将の指揮する歩兵三大隊、山砲兵一大隊基幹）、第九師団（金沢）、第三師団（名古屋）の一部。および杭州湾に上陸して太湖南岸を急進撃した第十軍（軍司令官柳川中将）の、第六師団（熊本）、第百十四師団（宇都宮）である。

南京周辺の防禦《ぼうぎょ》施設は、おおむね三線から成り、その第一線の要点には特火点陣地が構築されていた。また南京城壁（高さ約一八メートル。その外側に水濠をめぐらす）の東部、及び北部の二地区には特火点及び城壁を利用しての堅固なる複郭陣地が設けられていた。

とくに東部にそそり立つ紫金山は最大の要衝で、ここには抗戦意識旺盛な軍官学校の生徒を主体とする精鋭が、一峯、二峯、主峯の三段の防衛陣を敷いていた。

南方の中華門前一帯の波状丘陵地を雨花台という。雨花台は鉄条網と塹壕と要点にはペトン式トーチカで固められ、地形の複雑さと相俟って、人工・天然の一大要塞をなしていた。ここには第百十四師団と第六師団の一部が進攻した。

十二月四日には、派遣軍と第十軍はほぼ併列し、おおむね上元門、小衛《しょうえい》、高橋《こうきょうもん》門、雨花台、綿花地の線に進出し、十二月八日には、各方面とも敵第一線陣地を奪取した。

第十六師団は、八日第一線陣地を突破し、九日、下麒《しもき》麟門《りんもん》および蒼波《そうは》門附近に進出、最も堅固な陣地とみられた紫金山の攻撃を開始した。第六師団の他の一部は、すでに将軍山および牛首山《ぎゅうしゅざん》一帯に取りつき、第九師団および第百十四師団と雁行して城壁を目前にした。第十三師団は揚子江北岸地帯を席巻《せっけん》して、南京西北方に迫っていた。

八日、この日はすでに南京城は日本軍の包囲下にあった。前記のように蔣介石はじめ政府、軍首脳およびその親衛隊は城外に脱出し、残留支那軍による断末魔の自棄的な大破壊、略奪、放火が行われていた。

松井軍司令官が「投降勧告文」（ビラ）の投下を命じたのは十二月八日のことである。左のごとき勧告文が中国語に訳され、印刷され、南京上空に撒布された。翌九日正午のことであった。

「日軍百万既に江南を席巻せり。南京城は将《まさ》に包囲の中にあり、戦局大勢より見れば今後の交戦は只百害あって一利なし。惟《おも》うに江寧の地は中国の旧都にして民国の首都なり。明の孝陵、中山陵等古跡名所蝟集《ゐしゅ》し、宛然《さながら》東亜文化の精髄の感あり。日軍は抵抗者に対しては極めて峻烈にして寛恕せざるも無辜《むこ》の民衆および敵意なき中国軍隊に対しては寛大をもってこれを冒さず、東亜文化に至りてはこれを保護保存するの熱意あり。しかして貴軍にして交戦を継続るならば、南京は勢い必ずや戦禍を免れ難し。しかして千載の文化を灰燼に帰し、十年の経営は全く泡抹とならん。よって本司令官は日本軍を代表し貴軍に勧告す。即ち南京城を平和裡に開放し、しかして左記の処置に出でよ。

大日本陸軍総司令官　　松井石根

本勧告に対する回答は十二月十日正午中山路句容道上の歩哨線において受領すべし。もしも貴軍が司令官を代表する責任者を派遣する時は、該処において本司令官代表者との間に南京城接収に関する必要の協定を遂ぐる準備あり。若しも該指定時間内に何等の回答に接し得ざれば、日本軍は已むを得ず南京城攻略を開始せん」

勧告ビラを無視した中国軍（国民党）

この投降勧告文を翻訳し、軍使の一人と中山路句容街道上の歩哨線で待機した**岡田尚通訳官の証言**

「蘇州に進駐した中支那方面軍司令部は、南京攻略直前の十二月八日、松井軍司令官によって南京総攻撃停止の命令が出された。

そのとき中山情報参謀は私（岡田）に対し、最高指揮官の意図として、朝香宮、柳川両部隊が競って南京を攻撃、雪崩をうって入城すれば、市内は大破壊をきたし、良民は悲惨な大混乱に陥る故、一応ここで敵軍に対し降伏勧告を示し、双方協議の上平穏のうちに南京入城を達成し、両軍の犠牲を最小限に食い止めたいご希望なので、君は大至急次のような降伏勧告文を翻訳してくれ、といって案文を示された。

その内容は『我が日本軍最高指揮官は歴史ある貴南京首都の破壊および一般市民の安全を期するため、責任ある貴軍使と協議致したきにつき、明十日正午、軍使三名白旗を掲げて中山門外に至り、当方が派遣する軍使と南京占領に関する予備交渉に当られんことを勧告する。ただし規定時刻に軍使来らざる時は、やむを得ず総攻撃を開始する』（正文前掲）

というものであった。

またこうした翻訳を担当する藤木通訳官は上海留守司令部に残っていた。私の翻訳した勧告文は直ちに最高指揮官の検閲を経て何千枚か兵によって印刷され、軍用機により九日正午ごろ南京市内に撒布された。

明くれば十日である。私は武藤参謀副長（東京裁判七絞首刑の一人）公平《きみひら》高級参謀、中山情報参謀に同行し、蘇州を午前三時ころ出発し、深夜の句容街道を南京中山門外に向った。

午前十一時四十分ころ目的地に到着、正午頃まで敵軍使の来るのを待った。特に私としては、翻訳した責任上、どうか白旗を掲げた軍使が現れますようにと念じ続けたが、十二時五分、十分を過ぎても遂に軍使は姿を見せなかった。

万事休す。参謀副長は一言〝やっぱり駄目だったか。サァ帰ろう〟と、一同は無言のまま自動車に乗り、大急ぎで司令部へ帰ることにした。疲れ切った参謀たちは、車の中で深い眠りにおちいったが、私だけは最高指揮官の胸中を考えたり、翻訳のできが気になったり、興奮状態がおさまらず一睡もできなかった」

十二月十日午後一時、全軍に対し総攻撃の命令は下った。それまで城外に待機し、敵の射撃の中に身をさらしながら、じっと命令を待っていた全軍は、南京城をめざして猛攻撃を開始した。各部隊とも栄誉ある敵首都一番乗りを競ったのである。

三日後に南京は陥落していた

まず、戦闘状況からみてみよう。

脇坂部隊西坂中氏の証言

「第九師団は、五日、淳化鎮を攻撃したが、敵の頑強な抵抗にあい容易に陥ちず、八日師団主力をもってこれを攻撃し、同日突破、休むひまなく夜間追撃を続行した。九日払暁《ふつぎょう》、歩兵第三十六聯隊（鯖江・脇坂次郎大佐）は、敗兵と踵《きびす》を接して光華門に到着した。同日午前、はやくも光華門前の水濠を渡り、肉迫突撃によって、高さ約一八メートルの、砲撃で崩された城壁を突破し、光華門の一部（城門外廓）を占領した。が、城内支那軍の集中砲火をあびて、以後の攻撃は進展しなかった。ことに十日正午まで休戦命令のため我方は攻撃はできず、この間まる一日、敵の猛攻にさらされ、ために多くの犠牲を出した」

第九師団本部は十日午後、右翼隊をもって南京東郊の敵を攻撃し、十二日城壁に接近したが、幅の広い水濠（この附近の濠幅は約二〇〇メートル）に出会ったので、この渡河準備を実施した。また雨花台東端を攻撃した部隊は、頑強に抵抗する敵を逐次撃破して背後を断った。これに力を得た脇坂部隊は、ついに十三日朝、光華門一番乗りを果した。

第三師団の一部は、十二日軍命令により、第九師団左翼に進出させ、九師団を援けた。第六師団は十日、将軍山、牛首山の敵陣を突破した。坂井少将の指揮する歩兵第十一旅団は雨花台を攻撃、夜襲三十回に及ぶ激戦を展開した。牛島少将の指揮する歩兵第二十三聯隊（都城）は面善橋《めんぜんきょう》を占領、中華門より西南突角の城壁に突撃路を造るべく、猛砲撃を加えた。敵は不規則な波状地を利用して、死にもの狂いで抗戦したが、ついに十二日十六時、これを排除してその一角を占拠した。

しかし、歩兵第四十七聯隊（大分）はそれよりやや早く、昭和十二年十二月十二日十二時という十二が四つ重った時刻に、城壁の一角に日章旗を立てた。これが最初の城壁上の日章旗であった。

すなわち、三明保真《みやけやすま》中隊の決死隊六名は、中津留《なかつる》軍曹に率いられて竹梯子二本を継ぎ、城壁をよじのぼったが、頂上まで六メートルほど足りない。幸い城壁の煉瓦の間から雑木が生えていたのでそれと煉瓦の突出部を足がかりによじ登り、頂上に日章旗を立てた。ところが敵は城壁上にあって集中砲火をあびせ、白兵戦となり、祥雲《しょううん》伍長分隊の増援を得て軽機関銃を据え橋頭堡を拡大した。その間再三敵の逆襲にあい、接戦格闘、さながら阿修羅の光景を呈した。多くの犠牲者を出しながら、ついに日章旗を守った。

歩兵第四十五聯隊（鹿児島）の左支隊は、十二日夕刻棉花地《めんかち》を出発、ようやく新河鎮まで進出したが、十三日払暁、城内から敗走してくる敵約一万五〇〇〇と遭遇した。高橋中尉の指揮する山砲、工兵各一個小隊、騎兵一個分隊二五〇は朝五時から十四時まで反復突撃を受け、砲兵も全部零距離射撃の連続で、戦闘は酸鼻を極めた。敵の遺棄死体二三〇〇、水際の死体約一〇〇〇、すべて戦闘員のみであった。我方の死者八十であった（高橋義彦氏報告書）。

このように第六師団の一部は退却する敵の大部隊と遭遇戦を展開したが、右翼部隊は、十四日、下関に到着した。例の英商船レディバード号事件が起きたのは、この大激突のあった十三日早朝のことである。後方の重砲隊観測所から、〝敵船揚子江上を逃走中〟の報が入り、見れば霧の中を五隻の大型艦船が敗残の支那軍を満載して遡航中である。師団長は直ちに砲兵に射撃を命じたが、射弾がとどかない。橋本欣五郎大佐率いる野戦重砲聯隊に、柳川軍司令官は射撃を命じた。同聯隊がこれを迎撃した。レディバード号はその中の一隻であった。

なお前記の高橋中尉によると、この新河鎮の大激戦で、支那軍の〈督戦隊〉なるものをはじめて見たそうである。

高橋義彦中尉の証言

「督戦隊の腕章をした屈強な兵隊が約四メートルおきに一列横隊にならび、大型の拳銃をもって、退却する味方を射撃するのである。戦闘の中ごろから、へっぴり腰の兵が多いなと思っていると、突如、督戦隊が現れ、怒声を発して、味方に銃を向けて発射しはじめたのには驚いた」

第十六師団の歩兵第三十三聯隊（津・野田大佐）は、最も堅固な陣地とみられた紫金山の攻撃を命ぜられた。紫金山の主峯は標高八〇〇メートル、馬の背のような稜線が東西に走り、その東南端に小さな鞍部を隔てて第三峯（二二七メートル）が聳え、その中間に第二峯（三八二メートル）がそばだっている。白亜の天文台はその鞍部にある。山は多くの掩蓋銃座《えんがいじゅうざ》、鉄条網をめぐらした散兵壕にかこまれ、これに配するに軍官学校教導隊約一個旅団を中心とする精鋭部隊が守備した。

聯隊は十日朝下麒麟門を出発、まず第三峯を白兵戦で奪取し、続いて第二峯および主峯と、夜間攻撃を続行、紫金山の急斜面を一歩一歩登攀《とうはん》し、果敢な攻撃を実施したが、手榴弾による頑強な敵の抵抗や左側からの敵二〇〇余名の逆襲をうけて多数の死傷者を出した。わが重火器部隊の掩護射撃と他部隊の支援をえて一斉に突入し、主峯の争奪戦が行われた。かくて十二日午後六時、三日間の死闘のすえ、首都南京の要塞・紫金山はついに日本軍の手に落ちた（第三十三聯隊島田部隊羽田武夫氏報告書）。

紫金山奪取により、南京城東南部の全面的攻撃の戦況は俄然有利に進展することになった。すなわち光華門に迫った第九師団の脇坂部隊が、三十六時間にわたる死の突撃を反復したあと、十一日夕刻には城壁の一角に突入することができたのも、第六師団と第百十四師団が並んで雨花台高地を突破することができたのも、この背後の紫金山要塞に立てこもる頑敵を一掃することができたからである。

歩兵第三十旅団長の佐々木到一少将は、歩兵第三十三聯隊（津）および軽装甲車第八中隊を配属され、佐々木支隊を編成、敵の退路遮断のため、紫金山々麓から太平門、和平門を制圧しつつ下関道を急進撃した。その第一線は、敵陣地に突入し、続いて敵を急追し、軽装甲車中隊が午前十時ころまず下関に突進し、江岸に蝟集し、あるいは江上を逃れる敗敵を掃射して一万五〇〇〇発の弾丸を撃ちつくした。逃げおくれた敗残兵は、所在の機帆船や小舟、筏などを利用して逃走した。直ちに江岸に展開した佐々木支隊は、これに対し小銃、機銃の火力を集中して徹底的に射ちまくる。折から遡航してきたわが海軍の第十一艦隊は一斉に砲門を開いて江上からこれを射った。さらに、国崎支隊は、十三日午後四時、対岸浦口に来着し、上陸の敵を殲滅する、陸海相呼応しての挟撃である。

「実に理想的の包囲殲滅戦を演じたのである」

と佐々木中将はその自伝『ある軍人の生涯』の中で述べている。

佐々木中将によれば「この日我支隊の作戦地域内に遺棄された敵屍一万数千にのぼり、その外装甲車が江上に撃滅したもの並びに各部隊の俘虜等を合算すれば、我支隊のみにて二万以上の敵は解決されているはずである」

数に誇張はあろうが、とにかくこの時のおびただしい敵の遺棄死体――紫金山、新河鎮、和平門等をふくめて、これがのちの「南京大虐殺」の噂につながったのではないかとみられる。

松井大将は中国文化保持のために厳命を発した

松井大将は南京攻略のこの期間、蘇州で病床にあった。

軍医から肺炎併発のおそれあるとして、絶対安静を宣告されていた。病床で書類を決済していた。

南京攻略は、松井大将が蘇州で病を養っている間に終った。南京が陥落して十六日湯水鎮に進出し、十七日、南京入城式にのぞむのであるが、南京攻略および攻略後の治安について大将は心を砕き、細部にわたって可能な限りの命令を下達している。

その大将の〝気くばり〟のさまを、当時、**南京日本大使館参事官日高信六郎氏は、昭和二十二年十一月六日、東京裁判の証言台に立ち、次のように述べている。**外交官の見た松井将軍評でもある。引用しよう。

「私は昭和十二年四月三十日から同年八月十六日迄大使館参事官として南京日本大使館に勤務し、次で八月二十九日から翌年（一九三八年）三月三日迄同じ資格で上海に居りました。が、同年三月十七日総領事に転官し、それから十二月十二日、命により帰朝する迄上海総領事館を主宰して居りました。

一、上海に勤務中南京には四回参りました。第一回は昭和十二（一九三七）年十二月十七、十八の両日、日本軍の入城式及慰霊祭に参列の為、第二回は同年十二月二十五、二十六の両日、第三回は翌十三年二月一日から八日迄、第四回は同年三月二十七、二十八の両日、維新政府成立の儀式に参列の為でありました。

二、松井大将とは随分古くからの知り合いでありますが、特に昭和七年ゼネヴァで開かれた軍縮会議に同氏が全権として参られた際、私は日本全権団の随員として数ヵ月同じ処で暮しました。上海派遣軍司令官として参られた時、最初にお目にかかったのは、昭和十二年九月十日呉淞《ウースン》に於いてであります。同司令官が翌年二月内地に引揚げられる迄の間に度々会いました。

三、(イ)松井将軍は古くからの日華提携論者でありまして、中国の文化を理解し、中国及び中国人に対して深い愛着の念を持って居られることは、度々私が将軍から聞かされた所であります。

(ロ)九月十日呉淞で同将軍と会談の際に次のような話がありました。

(一)捕虜を正しく待遇すること。

(二)一般住民に対し公正な態度を執ること。之に就ては軍司令官の名で布告を出す積もりであること。

(三)食糧その他の物資を徴発した場合には、公正な対価を支払うこと。

住民が逃れ去って其の場に居ない時などには如何にして支払うかと云う様なことについて色々の考えを述べ、又是等の点については告示をして一般民衆に知らせ安心させる積りであると云われました。

その後私と会談の際や大使館及び海軍側と懇談の際に、この様な中国民衆に対する心遣いを度々述べられたことを記憶して居ります。

(ハ)外国関係については常に注意せられ、屡《しばしば》岡崎総領事の意見を求めて居られました。又外国新聞記者との接触に意を用い、殊にニューヨーク・タイムズ特派員ハーレット・アベンド氏及びロンドン・タイムズ特派員デーヴィッド・フレーサー氏とは数回打融けて会見されました。

(ニ)南京攻撃に決した時松井軍司令官は次の様な措置を執られたことを私は承知して居ります。

(一)南京市の地図に外国大使館その他外国権益の所在を明瞭にマークしたものを多数作り之を軍隊に配られました。此の地図の作成には大使館も協力し、出来上った地図を私は見たことがあります。

(二)その地図には更に明孝陵と中山陵とを赤い円で囲み、絶対破壊を避くべき地点であることが記載してありました。之は殊に松井軍司令官の意見に依ったものであると軍司令部の参謀が私に話しました。

(三)此の二個所の附近では一切大砲を使用することを禁止されたのであります。このことは当時聯隊長として此の方面の戦闘を指揮していた野田謙吾氏が其の後直接私に話した所であります。

同将軍は軍司令官として部下に対し戒告を厳重にし、又悪事を働いたものは一々検挙して処罰を命ぜられたということを、同将軍自身及びその部下の幹部の人々から私は直接聞いたのであります（「速記録」第三〇九号）」

松井大将は、明孝陵や中山陵などの史蹟、諸外国の大使館や権益、その他いわゆる「安全区」などに赤丸をつけ、絶対破壊してはならないと、各部隊にその地図を渡して厳命したのである。この日高の証言を裏付けて、**中沢三夫第十六師団参謀長は東京裁判の宣誓口供書の中で次のように証言している**。

「南京の攻撃で最も苦心を要したのは、第三十三聯隊が向った紫金山と師団の重点正面に至る中山陵附近の戦闘であった。前述の松井大将の示された中山陵、明孝陵等を毀損せず占領するため、師団は少なからず犠牲を払ったのであります。即ち中山陵附近に拠った支那軍は、正面の大障害となったのみならず、わが三十三聯隊の左側及び背面を射撃してきたり、同聯隊はすこぶる苦心したのであります。わが軍の砲兵の射撃はもちろん、歩兵の重火器の使用をも差控えるの不利を忍び、ために全般の攻撃進捗せず、阻害せられ、多数のかつまた無益の損害を蒙るの余儀なきに至りました。しかしこれがために、中山陵、明孝陵は完全に保護せられ、苦戦にかかわらず紫金山を無キズで占領した同聯隊は、戦闘後松井軍司令官から感謝状を授与されました」と述べている。

第二次アヘン戦争のとき、英仏連合軍は北京に進撃し、西太后が金にあかして造ったフランス風の名園「円明園」を跡形もなく略奪・破壊した暴挙に比して、何という相違であろうか。諸外国の公館や権益、市民の密集する難民区（安全区）に一発の砲弾も落下することなく、また、中山陵も明孝陵も紫金山山麓の激戦地のど真中に位置しながらも、完全無欠のまま南京城は陥落したのである。

日本軍による掃蕩戦は国際法に準拠していた

掃蕩戦は十三日から十五日正午ころまで続いた。所によっては十四日で終ったところもあり、また十六日までかかったところもあった。

東京裁判の検事側の許伝音《きょでんおん》証人は次のように証言する。

「およそ日本兵は動くものを見れば発砲した」、「人を見れば射った」、「逃げる者を射ち殺した」と、日本軍隊がいかに野蛮であり、いかに獰猛《どうもう》であり、凶暴性をおびた集団であったかを印象づけようとした。十三日から十五日にかけて行われた掃蕩戦のことを指すのであるが、このようなことは戦闘部隊として当然のことである。

「東京裁判国際シンポジウム」の席で**宮元静雄氏（元陸軍大佐）が次のように発言**したの

が印象的であった。

「殺さなければ殺されるのである。それが戦場である。猫の子一匹動いても、サッと銃を向けて身構える。怪しいと思えば発砲する。掃蕩戦で逃走すれば、軍衣であろうと便衣であろうと、射つのは当り前である。怪しければ女・子供でも銃を向け、所持品を検査する。今まで女だと思って油断したために戦友が殺されているのである」

平時でさえも、不審訊問をうけて逃げ出せば射たれるのは当り前である。まして戦場である。

馬超俊南京市長は、南京脱出前に市民に対して、逃げおくれて、残留している市民は一人残らず「安全区」に移住するよう厳命した。そして安全区を管理する国際委員会に対して、米三万担《タン》、麦一万袋と塩、金子（十万両）等を寄附している。この市長の命令にも拘らず、安全区以外の戦地をウロチョロしている者は〝怪しげな者〟とされるのは当然であろう。

第二に、ダーディン記者のレポートにもあるように、略奪、破壊、焼払いはすでに敗走中の中国兵によって行われており、便衣を奪うための殺人行為が随所にあったことを、当時、米大使館に残留していたジェームス・エスピー副領事が報告している。これらの中国軍が犯した敗退時の悪行のすべてが、ことごとく日本軍の犯罪であるとして告発したのが東京裁判であり、「大虐殺派」の人びとの主張である。

昭和五十七年の教科書騒動のとき、中国共産党機関紙「人民日報」は、当時、城内の難民区に残ったのは二五万ばかりの市民と傷病兵、離脱兵のみで、同市は無抵抗者市であった。それを日本の教科書が「中国軍の激烈な抵抗」があったと記述しているのは事実を歪《わい》曲《きょく》した暴言であると非難した。しかし、掃討に対する抵抗は、場所によってはかなり激烈であった。

日本プレスセンターの前田雄二専務の証言（同盟通信記者）

「十六師団が南京城の正面、中山門に攻撃を仕かけた朝、まだ城内には一万五〇〇〇人以上の中国兵士が残っていた。そのため城内に攻め入ったとき、官庁ビルの窓や屋上から機関銃がたえまなく飛来し、激しい抵抗があった。日本の部隊が市内を完全に制したのは翌日の午後四時ころであった」

上海派遣軍参謀大西一大尉の証言

「十三日午後市内に入り、中山北路の首都飯店（のちに中支那派遣軍司令部のおかれた建物）

まで来ると、十六師団の一部がこれを攻撃中で、少数ながら敵は頑強に抗戦し、日本軍と激しく撃ちあっていた」という。

野村敏則氏（歩兵第三十五聯隊富士井部隊）の証言

「十四日の夕方から夜にかけて、掃討漏れの敗残兵が苦しまぎれに放火しだし、消火にへとへとになった。せっかく捕獲した薪炭補給所が放火され、ヒゲの中隊長みずから陣頭に立って消火に努めたが、薪炭倉庫は烏有《うゆう》に帰し、部隊長は叱責をうけ、そしてこのあとも敗残兵の放火に悩まされた」という。

沢田正久氏（豊攻城重砲兵第二大隊砲兵中尉）の証言

「市外ではあるが、仙鶴門鎮で友軍の騎兵隊が、十三日夜、首都防衛決死隊約一万の大夜襲を受け、文字通り〝窮鼠猫を噛む〟の勢いで壮絶を極め、我が方の損害将兵二〇〇、軍馬六〇頭に及んだ」

ともかく掃蕩戦といえど、生きるか死ぬかの戦闘である。緊張もあれば、戦場心理もあろう。平和時の理性的机上論でははかり知れないものがあるのは当然である。

また悪性の捕虜――たとえば武器を隠匿して床下や屋根にひそんでいる者、降伏するとみせて逃亡をはかる者、最後まで抵抗をやめない者、便衣に代えて潜伏している者、……すなわち戦時国際法において捕虜に該当しない敗残兵や便衣隊も相当おり、これらを処刑したことも事実である。

前田雄二氏も、『戦争の流れの中に』の中でこう書いている。

「翌日（十二月十六日）新井と写真の祓川《はらかわ》らといっしょに軍官学校で〝処刑〟の現場に行きあわせる。校舎の一角に収容してある捕虜を一人ずつ校庭に引きだし、下士官がそれを前方の防空壕の方向に走らせる。待ち構えた兵隊が銃剣で背後から突き貫く。悲鳴をあげて壕に転げ落ちると、さらに上から止めを刺す。それを三ヵ所で並行してやっていた」

また**松川晴策氏（千葉鉄道第一聯隊、陸軍伍長）**は、十五日か十六日かはっきりした記憶はないが、下関埠頭に支那軍捕虜が五、六人ずつ一列にならばされ、陸軍の兵士が銃剣で突き刺したり、あるいは銃で射つのを見たといっている。十七日の入城式を控えてこのような処刑がなされたことも事実であろう。もちろんこれは戦時国際法に違反する便衣隊や悪質捕虜に対して取った「応急処置」であり「虐殺」とはいえない。

掃蕩戦における便衣隊の処刑について、**東京裁判の嶋田元海相の弁護人瀧川政次郎博士**

はいう。

「南京大虐殺は針小棒大でその数は虚数であるが、何人かの罪科《つみとが》もない非戦闘員が捲きぞえで殺されたことは事実であろう。しかしその責任を日本軍に帰することは全くの見当違いだ。戦時国際法に違反して便衣隊を使用すれば、そういう惨事が起ることは誰の目にも明らかである。便衣隊の使用については日本軍から屢中国軍に抗議しているはず。にも拘らず中国側がそういう惨事が発生することは承知の上で便衣隊を使用したのであるから、多くの非戦闘員が便衣隊と誤認されて殺戮せられた惨事の責任は、当然中国が負うべきものである」

中国軍捕虜のあつかいは戦時国際法に基づいていた

ここで捕虜の問題について触れておく必要がある。「大虐殺派」の論者は、捕えた捕虜は片っぱしから虐殺したように言うが、とんでもない話である。

あとあとまで問題となったのは、山田旅団が幕府山附近で捕えた一万四〇〇〇余の捕虜の問題である。「朝日新聞」の横田記者が、十六日の電報でこの大戦果を伝えた。これについて防衛庁戦史室著の『支那事変陸軍作戦』は次のように記録している。

「十五日、山田旅団が幕府山砲台付近で一万四〇〇〇余を捕虜としたが、非戦闘員を釈放し、約八〇〇〇余を収容した。ところが、その夜、半数が逃亡した。警戒兵力、給養不足のため捕虜の処置に困った旅団長が、十七日夜、（著者注・十八日か）揚子江対岸に釈放しようとして江岸に移動させたところ、捕虜の間にパニックが起こり、警戒兵を襲ってきたため、危険にさらされた日本兵はこれに射撃を加えた。これにより捕虜約一〇〇〇名が射殺され、他は逃亡し、日本軍も将校以下九名が戦死した」

この事件を究明するため、『「南京大虐殺」のまぼろし』の著者鈴木明氏は山田旅団長を仙台の自宅に訪問してインタビューを行っている。しかも山田旅団長の当時の日誌を発掘し、十二月十日から二十日にいたる間の旅団長の行動を明らかにした。日誌によると、

「十四日、他師団に幕府山砲台までとられては面目なし、午後四時半出発、幕府山に向う。砲台附近に至れば、投降兵莫大にて、始末に困る。附近の文化住宅、村落、皆敵の為に焼かれたり。（著者注・清野作戦の徹底を意味する）」

とある。その数は一万四〇〇〇といわれているが、横田記者も両角部隊長も一万四〇〇〇は多過る、八〇〇〇位であろうといっている（常民を釈放したあと）。ともかくその八〇〇〇を学校に竹矢来をめぐらせて入れたという。山田、両角両部隊長は、たしかに軍人かどうか一人一人確認したという。この日軍司令部から「捕虜はどうなっているか？」と憲兵

将校が見廻りに来た。山田少将は自分で案内して、捕虜の大群を見せた。「君、これが殺せるか」と山田少将はいった。その前に長参謀から「始末せよ」という命令を山田少将は受けていた。憲兵はしばらく考えて「私も神に仕える身です、命令はお伝えできません」と帰っていった。

——十六日になってもまだ司令部と話し合いがつかない。しかも山田旅団は三日後の十九日には浦口に移動せよという命令がすでに下達されていた。

山田旅団長は、村からできるだけの舟を徴発し、揚子江を渡して北の方へ逃がす途を考えた。この旅団は上海戦での激戦のため、兵力は殆ど三分の一に落ち、その総数僅か一五〇〇で、しかも兵はクタクタに疲れ、将校はイラ立っていた。この一五〇〇が十倍の捕虜をとらえたのである。「相手は素手とはいえども刃向って来られたら、こちらが全滅です」と平林少佐はいう。以下は『「南京大虐殺」のまぼろし』の著書の引用である。

「とにかく、かなりの時間をかけて捕虜が江岸までたどりついた時は陽はとっぷりくれていた。（十八日）彼等がここまで従ってきたのは「北岸に送り届ける」という日本軍の言葉を信じたのか、じっと我慢してスキをうかがっていたのかは、今では知る由もない。また実際船が来ていたのか、どの程度の準備があったのかもわからない。その時突如捕虜の間から暴動が起ったのである。深夜、暗黒の中で、一斉に捕虜は逃げ出した。その中に、小銃と機関銃が打ち込まれた。これだけは確かである。日本側も不意を衝かれたため、混乱した。あとは、何がどうなったかわからない。朝すべてが明るみに出た時、千あまり（数千ともいう）の捕虜の死体に交って日本兵八名と日本軍将校一名の死体があった。その人の名を書くのは失礼だからここには記さない。六十五聯隊将校名簿を見ると、戦死者はすべて『上海劉家行《りゅうかこう》西方にて戦死』となっている（その数は、ナント全将校の半分以上にものぼる）が、たった一人だけ、戦闘が行なわれなかったはずの『南京北方地区で戦死』としている人がいる。この事件が単に『捕虜への一方的虐殺』でなかったことを、この一人の将校の戦死の記録が、充分物語っている」

第二は、歩兵第四十五聯隊が捕えた捕虜であるが、四十五聯隊の三大隊は、十三日新河鎮において城内から脱出してきた敵の大部隊と遭遇し、激戦の末、敵の遺棄死体二三〇〇をあげたことは前にふれた。が、第二大隊は、十三日払暁、江東門、水西門を攻撃、三叉《さんさ》河《か》で激戦を展開、これを撃破してクリーク南岸に到る。十四日早朝、下関で白旗を掲げた捕虜三〇〇〇～四〇〇〇と砲三十門、弾薬、軍馬、重機、小銃等を鹵獲《ろかく》した。大隊長は成《なり》友《とも》少佐である。

鵜飼敏定氏（四十五聯隊史編纂委員）の手記によると、幹部らしい者を探し出し、集合を命ずるとおとなしく整列した。これからどんなことをされるかと、おどおどした表情の者が多かった。「当面の戦争はこれで終った。日本軍は捕虜に対して絶対に乱暴は加えぬ。生命は助けてやるから揚子江を渡って郷里に帰れ」といったら「大人は揚子江を渡って帰れと言われるが船がないではないか、船をどうしてくれるのか」と申し出たので大笑いした。それ以後は極めてなごやかな雰囲気となり、軍歴の浅い者、非戦闘員等は非武装のまま解き放ち、あとの約三〇〇〇を南京警備司令部に引渡した。

第三は仙鶴門鎮《せんかくもんちん》および堯化門《ぎょうかもん》における捕虜である。十三日夜十時過ぎ、「首都防衛決死隊」の腕章をした精強な部隊が、城内からの脱出をはかって、仙鶴門鎮に決死の夜襲をかけてきた。数時間の白兵戦ののち敵の主力は引き返していったが、夜明けの街道には一〇〇〇近い遺棄死体があった。わが方も、歩兵四個中隊の急援でようやく危難をまぬがれたものの、兵八〇、馬匹二〇〇の損害を受けた。

以下は沢田正久氏（独立攻城重砲兵第二大隊〈軍直轄部隊〉当時砲兵中尉）の手記である

が、その翌朝（十四日）八時ころ、揚山に向って敵の敗残兵が隊をなして登ってくる、砲列附近に敵の弾雨が集中しはじめる、中隊長命令により我が方はとりあえず火砲一門を操作、威嚇射撃のため零分画分射撃を決行、やがて敵は山の反対斜面に移ると共に、稜線上（観測隊の所在場所）にチェコ機銃で盛んに銃撃してきたが、当方は墓地の地の利を利用して、一部至近距離に近づく敵と相対した。やがて友軍増援部隊が到着し、遂に敵は力つき、正午ごろ投降した――というのである。

沢田氏はその数九〇〇〇ぐらいといっているが、正確には、その半数の四〇〇〇余名で和平門から城内の警備隊に引渡されている。

第四は、佐々木元勝氏が、十七日入城式のあと中山門から城内に入る捕虜を見たという証言であるが、これは紫金山の戦闘後捕虜になった中国兵が、竹矢来を組んで馬群《ばぐん》で仮収容していたのを市中の監獄に移動したもので、その数は、五〇〇〇といわれているが、これまた数が相当水増しされている。

ともかく一万余の捕虜が南京城内の三つの監獄と二つの収容所に収容されたわけである。捕虜取扱い専任の榊原《さかきばら》参謀によると、中央監獄の四〇〇〇人のうち半分の二〇〇〇人は、命令により上海の捕虜収容所に移したということである。

衣川武一《ころもかわたけいち》氏（歩兵第二十聯隊第一大隊）の証言

「われわれの取扱った捕虜約二〇〇〇のうち、帰順を申し出る者は、若干の米麦と白旗を持たせて帰郷させた、年末ころまでに半数が帰順し、半数は使役として働かせた、腕章をつけて食糧の運搬や炊飯などさせた、中山門の内側の土嚢の中に米麦の麻袋があり、わが部隊は大助かりであった、が、水と燃料には苦労した、これらは捕虜の使役により補うことができた、彼らは一日中食事の準備に終始した、私はその指揮に当ったが『衣川先生《イセンセンション》』と呼ばれ、捕虜とわれわれの間に自然に親近感が芽生え、捕虜殺害などとんでもない話である。

これらの捕虜は、転進するさい全部帰郷させせた」と述べている。

中国軍の常套手段としての清野（焼きつくす、奪いつくす）作戦

清野《せいや》作戦——または〈空室清野作戦〉ともいうが、前にもふれた通り、当時支那軍の敗退時における〈略奪〉と〈焼払い〉は、彼らの常套手段であった。すなわち進攻してくる日本軍を困憊《こんぱい》に陥れるため、家屋を焼き、食糧——とくに収穫期の米倉や稲架《はざ》や薪炭貯蔵庫に火を放って焼き、日本軍に宿泊所も、食糧も与えないという作戦である。上海から南京までの戦闘で、この作戦は徹底してとられた。南京戦もその例外ではなかった。

東京裁判で脇坂部隊長の証言

「十二月九日未明、光華門南方の上方鎮に到着した。その夜は咫尺《しせき》を弁ぜぬほどの暗夜で、どの方向が南京かも判らずにいたところ、突然北方に天を焦がす二条の大火焔が上がるの

を見た。それが南京の方向であろうと察して追撃目標とした。その想像は正確であった。その後南京陥落までの数日間、日夜城内外に火焰の上がるのを見た。当時日本の飛行機の爆撃も大したことなく、砲兵の砲撃もなかったからこれはやはり支那軍の清野作戦によるものと認めました」

右の証言を証明する証拠がある。

「ニューヨーク・タイムズ」のダーディン記者は、当時南京にあってこう報道している（一九三七年十二月十八日号同紙掲載記事）。

「日本軍が句容をこえて進撃しはじめたことが中国軍による焼払いの狂宴の合図となったが、これは明らかに城壁周辺で抵抗するために土壇場の準備を行っているものであった。中国のウエスト・ポイントである湯山には砲兵学校と歩兵学校、それに蔣将軍の夏期臨時司令部が置かれているが、そこから南京市へ向けて十五マイルにわたる農村地区では、ほとんどすべての建物に火がつけられた。村ぐるみ焼払われたのである。中山陵園内の兵舎・邸宅や、近代化学戦学校・農業研究実験室・警察学校その他多数の施設が灰燼に帰した。火の手は南門周辺地区と下関にも向けられたが、これらの地区はそれ自体小さな市をなしていたのである。

中国軍による焼払いによる物質的損害を計算すれば、ゆうに二〇〇〇万ドルから三〇〇〇万ドルにのぼった。これは、南京攻略に先立って何ヵ月も行われた日本軍の空襲による損害よりも大きい。おそらく実際の包囲期間中における日本軍の爆弾によって、また占領後の日本部隊によって生じた損害に等しいであろう。

中国軍部は南京市周辺全域の焼払いを軍事上の必要からだといつも説明してきた。城壁周辺での決戦で日本軍が利用できそうなあらゆる障害物、あらゆるかくれ家、あらゆる施設を破壊することが必要だというのだ。この目的のために建物ばかりでなく、樹木や竹藪まで焼払われた」

支那軍の敗退時における焼払い戦術〈清野作戦〉が如何にすさまじいものか想像できよう。

中国軍便衣隊（ゲリラ）は戦時国際法違反だった

上海、南京戦で日本軍が最も悩まされたのは、〈清野作戦〉に次いで、〈便衣隊〉の跳梁であった。

今まで銃をとって戦っていた兵隊が、戦況不利とみるや、戎衣《じゅうい》（軍服・軍装）をかなぐり捨て、武器を隠匿して農夫や苦力《クーリー》姿に変身し、機をみて日本軍の背後から襲う戦術である。百姓だと思って安心していると、夜間、または日本軍の隙に乗じて、手榴弾や拳銃を放つ。このため日本軍は多くの犠牲者を出している。油断も隙もあったものではないのである。抗日排日の嵐の中、時には女性や子供までもが「便衣隊」として、いわゆるゲリラ戦を展開した。

南京陥落に際して、十二日から十三日にかけ、中国の敗残兵が、軍服、軍帽を脱ぎすて、常民の衣服を奪い、ときにはそのため同胞を殺傷してまで、便衣に替えて難民区に遁入したり、脱走をはかったりするありさまは、第一章、**ダーディン記者**の「断末魔の南京」で解説した通りである。難民区に遁入した便衣隊は数千といわれる。

あとから述べるように、日本軍はこれを捉えて捕虜として収容した。その数はおおむね二、〇〇〇とみられている。

中学・高校の歴史教科書には、「武器を捨てた兵」を殺害したといって、いかにも人道にもとる行為のごとく記述している。武器を捨てて常民姿になったのだから、それで無罪放免かというと、戦争とはそんな甘いものではない。

戦時国際法によると、便衣隊は交戦資格を有しないものとされている。交戦資格を有する者は、原則として、正規の軍人、ならびに正規の軍人の指揮する軍艦又は軍用機である。一九〇七年の陸戦法規によると、民兵又は義勇隊でも、次の条件をそなえる場合には、交戦資格が認められるものとした。「(イ)部下のために責任を負う統率者があること、(ロ)遠方から認識することのできる固有の特殊標章を有すること、(ハ)公然と兵器携行していること、(ニ)戦争の法規および慣例に従って行動していること」

こうした条件からいっても、便衣隊は「交戦資格を有する者」とはいい難い。「交戦資格を有しない者が軍事行動に従事する場合には、敵に捕えられた際、捕虜としての待遇は与えられず、戦時犯罪人としての重刑をうけなければならない」以上は、**田畑茂二郎教授**の立論である。

わが国の国際法の権威である**信夫淳平博士**は、

「非交戦者の行為としては、その資格なきに尚ほかつ敵対行為を敢てするがごとき、孰《いず》れも戦時重罪犯の下に、死刑、もしくは死刑に近き重刑に処せらるるのが、戦時公法の認むる一般の慣例である」と述べている。

「便衣隊」をいう場合、われわれはまずこのような国際法の概念を頭におく必要がある。

難民区の立入検査と便衣隊の摘出をはじめたのは佐々木到一少将が警備司令官に任ぜられた二日後の十二月二十四日からである。二十三日には中国人による治安維持会ができ、この維持会のメンバーと日本軍とが合同で委員会を構成し、この委員によって〈良民証〉を交付する作業がはじまったのである。老人や子供を除いて、交付された良民証の数は十六万余に及んだといわれる（老人・子供を加えると、難民二十万人という数はほぼ適確とみてよかろう）。

「南京大虐殺」のデマゴギーの震源の一つに、難民区からの便衣隊の摘出問題があることは周知の通りである。そもそもこのような問題が生起したのは、これを管理した国際委員会の責任であって、上海の南市における難民区（ジャキーノ・ゾーン）のように、管理者が厳然と便衣兵の入区を峻拒《しゅんきょ》するか、または武器を取りあげ、常民と区別して名簿を作成するなり、あるいは一所に抑留しておけばよかったのである。そのことがなかったため、難民区に潜入した数千といわれる便衣兵を摘出するのに日本軍は困厄《こんやく》した。

その選別には、前記したように、軍帽の日焼けの跡とか、手に銃ダコがあるとか、屈強な男で広東・広西訛があるとか（南京を守備したのは広東、広西の兵が主力）、履歴のごま化しがあるとか、ともかく自ら名乗らざる以上、確たるきめ手はないのであるから、従って常民に少なからず災厄が及んだであろうことは事実である。

佐々木少将の回想記によると、査問を打切ったのが一月五日とある。正月元旦や二日は休んだであろうから、査問の正味は約十日間である。「この日までに城内に摘出せし敗残兵約二〇〇〇、旧外交部に収容す」とある。

この間、十二月二十五日の深夜、日本軍将校宿舎が敗残兵の集団に襲われ、熟睡していた将校十二名が殺傷されるという事件が起きている。この事件に警備司令部は驚愕し、かつ憤怒して、犯人捜査は厳重を加え、摘出は厳しくなり、犯人らはみせしめに下関埠頭で処刑が行われた。

第十三航空分隊隊長奥宮大尉の証言

南京爆撃の際、艦上爆撃機六機が、ソ連製E16戦闘機と交戦、あるいは高射砲により撃墜され、二十四人の戦死者を出した。その遺体は、幸にして遺体捜査のため南京に出張した奥宮隊長以下三人の努力で、全部収容し、遺骨にすることができた。奥宮氏によると、「たまたま下関で敗残兵二十人ほどを、陸軍の兵隊が刺殺している場面に遭遇した」そうである。二十六日か七日のことだという。

「南京市内も郊外も平和の色が甦り、市民がどんどん復帰しはじめているというのに、いったいこの血なまぐさい光景はどうしたことかと、指揮していた将校にきいたところ、実は右のような事件があったのです」という話であった。

郵便はがき

料金受取人払

麹町局承認

5786

差出有効期間
平成16年10月
20日まで
（切手不要）

1028790

104

東京都千代田区
飯田橋四―三―八
東日本飯田橋ビル　六F

㈱高木書房 行

お名前

年齢　　　歳

職業

ご住所　〒□□□-□□□□

本書をお買い求めになった書店名　　　月　　　日購入

朝日が明かす中国の嘘　　　　愛読者カード

ご愛読ありがとうございます。このカードは今後の出版企画の参考にいたしたく存じますのでぜひご投函下さるようお願いします。

1．あなたがこの本をお求めになったのは
　1.新聞広告(　　　)　2.雑誌広告(　　　)　3.書評をみて(　　　)
　4.書店でみて　5.ひとにすすめられて　6.ダイレクトメール

2．この本についてご感想やご意見をおきかせ下さい。

3．今後どんな本・著者の出版をお望みですか

入城将兵の証言

一　光華門からの入城

ベーツ証人も、マギー証人も、日本軍は入城と同時に、中国人を手当りしだい殺戮《さつりく》した、その死体が、どの街にもゴロゴロしていたと証言している。許伝音《きょでんおん》証人は、「私ハ日本兵ガ現ニソウ云ウ（屍体ヲ酷ク斬リ刻ンデイル）行為ヲ行ッテ居ル所ヲ目撃シタノデアリマス。或ル主ナ大通リノ所デ私ハ其ノ屍体ヲ数エ始メタノデアリマスガ、其ノ両側ニ於テ約五百ノ屍体ヲ数エマシタ時ニ、モウコレ以上数エテモ仕方ガナイト思ッテ止メタ程デアリマス」と証言している。

また、「毎日新聞」の鈴木二郎氏は、昭和三十二年雑誌「丸」にこう書いている。

「光華門につうじる道路の両側にえんえんとつづく散兵壕とみられるなかは、無数の焼けただれた死体でうめられ、道路に敷かれたたくさんの丸太の下にも、死体が敷かれていて、腕足の飛び出しているありさまは、まさにこの世の地獄絵である。その上を戦車は容赦なく、キャタピラの音をひびかせて走っているのを見て、死臭、硝煙の臭いとともに、焦熱地獄、血の池地獄に立つおもいがした。自らが〝獄卒〟の立場と、ある錯覚におちいるほどだった」

こうした「虐殺派」の証言に対して、南京に入城した将兵は、それぞれ次のように証言する。

まず光華門一番乗りの脇坂部隊に所属していた**西坂中氏**（鯖江市歩兵第三十六聯隊、当時**陸軍々曹**）は、十三日早朝の光華門の風景をこう述べている。

「……十二日の夜を迎えた。ところが夜中になり、敵の射撃がぴたりと止った。どうも様子がおかしい、中国軍の退却のパターンと同じであると察したので、城壁によじ登ったところ、夜明けと共に南京市内の各所に黒煙があがるのみであった。そこには敵兵は一兵もいなかった。むしろ街は整然としており、無気味なほど静まりかえっていた」

さらに二人の下士官が、十三日午《ひる》に光華門をくぐっている。**河口庄平砲兵軍曹**と**樫木義雄伍長**とである。二人とも千葉県鴻の台の野戦重砲今野部隊の観測係である。今野部隊は脇坂部隊を援護して城壁を砲撃した部隊である。二人は揃って城内に入った。

「城の内側から日本軍によって城門が開かれ、私たちは午ころ城内に入った。すでにそこには中国兵も市民も逃げて人影はなかった。死骸もない、猫の子一匹いない。街は森閑と

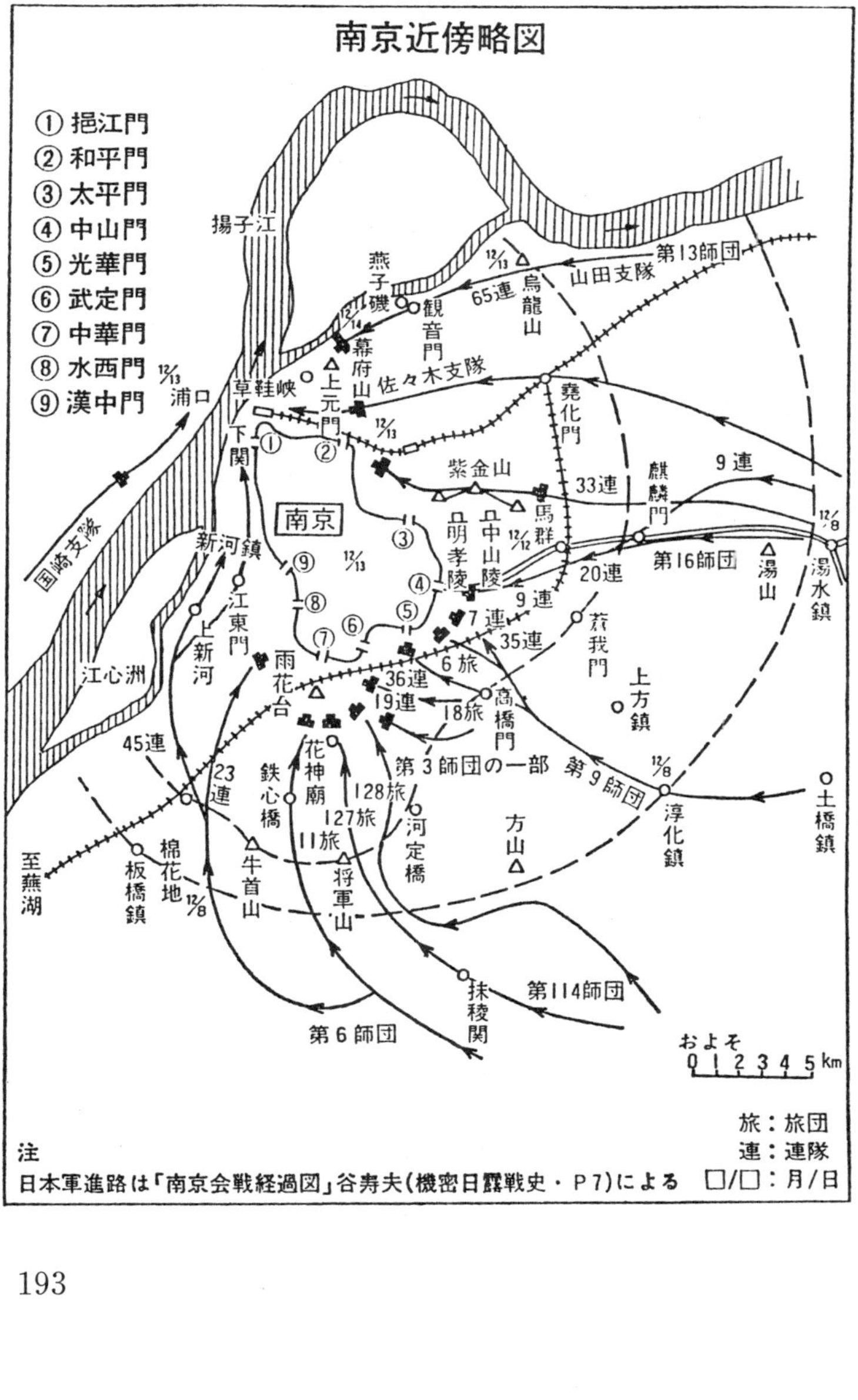

南京近傍略図

注
日本軍進路は「南京会戦経過図」谷寿夫（機密日露戦史・P7）による

して静寂そのものであった。相当奥まで入ったが、市の中心部附近に脱いだ服や略奪品などが散らばっているだけで、人影も死体も殆ど見なかった」

これは十三日の光華門風景であるが、その翌日の十四日この門から入って、市内を歩いて縦断し、下関まで行った**松川晴策氏（千葉鉄道第一聯隊、当時陸軍上等兵）の証言**

「その翌日（十四日）光華門から南京城へ入りましたが街は粛然としており、歩いて中山路を一路北に進み、南京を縦断して挹江門に出ました。途中ほとんど屍体は見なかった。城内は極めて平穏で、十八、九日ころにはすでに市民も帰りはじめ、中山北路あたりは露店商も店を開き、平和が甦ったという感じでした」

ともかく光華門から入った兵隊のだれ一人として、散兵壕も見なければ「無数の焼けただれた屍体」など見ていないし、その上を戦車が踏みつぶしている地獄図などは、見ても、聞いてもいないのである。街に死体がゴロゴロころがってなどいないのである。まして鈴木氏のいうように、光華門の城壁上に捕虜をならべて突き刺し、突き落す光景などは、虚妄の言であることは容易に想像されよう。

二　中山門の風景は平和だった

もう少し、占領直後の南京の風景について述べておきたい。

もともと南京戦は、攻城戦でも決戦でもなかったのである。**犬飼総一郎氏（京都歩兵第十九旅団司令部通信班長、当時陸軍少尉）**もいうごとく、「十二月九日、数千枚のビラを上空から撒き、十日、軍使の現れるのを日本側は待ったが、すでに蔣介石は脱出（七日）したあとであり、僅かな兵だけが十二日まで抗戦した。長く持久すればするほど、中国軍の撤退兵力も多くなるからで、要するに国府軍は、南京に集中した兵力を撤退させるため、南京城とその東北の紫金山に掩護《えんご》部隊を配置し、抗戦させたにすぎなかったのである」

つまり、南京攻略戦といっても、掩護部隊との戦闘であって、名前は首都攻略ということで、内外に派手に喧伝され、各部隊も南京一番乗りを無上の名誉として競ったが、戦略的には右の通りであった。

山本七平氏も「南京死守」ではなくて、「撤退を前提とした戦い」であったと述べている。従って城内では前項で述べたように一部掃蕩に抵抗はあったが、戦闘は皆無にちかい。街中に死体がゴロゴロしているはずもなく、えんえんとつづく散兵壕に無数の焼けただれた死体などあろうはずもないのである。日本軍が入城して若干の死体を見たというその死体は、潰滅の支那兵が便衣を奪うために殺害されたものか、難民区潜入の際に起きた射殺事件（ダーディン記者報道）の犠牲であろう。光華門は前述の通りだが、中山門はどうか。

中山門攻略の**富士井部隊（歩兵三十五聯隊）の第一大隊本部書記野村敏則氏の証言（当時軍曹）**

「十三日午前七時、第二中隊は中山門を占領した。門の表と裏は土嚢《どのう》で塞いであったが、右の門扉の上部に直径二尺ぐらいの穴があった。隊長以下兵たちは、一人ずつその穴をくぐって入った。入るとザラザラと門の内側の地底まですべり落ちた。そこには数人の敵兵が居り、格闘となり、これを刺殺した。夜が明けるころ、左方の小出隊と連絡して、城壁を完全に占領した。第一線陣地攻撃から中山門奪取まで、我が方の損害は戦死者二名のみであった。まことにあっけない一番乗りであったがこれが事実なのである」と述べている。

それよりややおくれて、歩兵第二十聯隊第一大隊四中隊が入城している。**衣川武一氏（上等兵）の証言**

「……十三日午前七時ころ突入しました。突入といったところが中山門は二重三重に土嚢を積みあげ、門扉の上部に人間がどうにかくぐれるほどの隙があり、そこをくぐって入った。少数の兵隊が白旗をかかげ、住民はテーブルを出してお茶の接待です。拍子抜けの変りようでした」

通信班長の犬飼総一郎氏の証言（土嚢が取り除かれた十三日夕刻、馬で中山門から城内に入った）

「（中山門を）入ってしばらく行った右側に、殆ど無疵《きず》に近い状態で、二階建ての中央病院があった。その中に十人ぐらい、中国軍の傷病兵が寝ていた。彼らはきびしい視線で私を見詰めた。

私は隅に寝ていた十五、六歳の一番若い兵隊に語りかけた。彼は陸軍士官学校の生徒で、紫金山の戦闘で戦傷を負って動くことができないのだといった。私は軍隊へ帰って、すぐ軍医をつれて来るから大事にして寝ているようにいいきかせ、ざっと病院の様子を見てのち司令部に帰った。かれこれ二時間近くかかったろうか。軍医をつれて引返してみると、病室には誰もいない。あたりを捜すと、くだんの少年は病院の傍らの井戸に身を投げて死んでいた。動けない躰を這いずってここまできて身を投げたにちがいない。他の傷病兵たちもどこかに身を隠してしまい、一人も居なくなっていた。捕虜となることをいさぎよしとしなかったのであろう。私には、このことが忘れがたい思い出としていまだに脳裡にある」

無錫や常州で見たおびただしい敵死体が念頭にあっただけに、南京の森閑たる風景はむしろ無気味であったと述懐している。

第十六師団とともに南京に一番乗りした小池秋羊氏は、十三日の中山門落城の模様をくわしく描写し、次のような手記を私に示してくれた。

みやこ新聞・小池秋羊記者の証言

「正午ちかくなって、やっと中山門の鉄の巨大な扉が開いた。扉の裏側、つまり城内側には何千袋という麻布《マータイ》の土嚢《のう》がぎっしりと積みあげられていて、日本軍の砲撃にもビクともしなかったようである。逃げ遅れた中国兵の捕虜たちを混えて、兵隊が土嚢の取り除き作業をやっていた。……昨日まで自分の陣地であったこの城門の破壊作業を黙々とやらされていた。その心境はどんなであったろうか。

城壁にのぼってみると、前日までのはげしい爆弾の炸裂や砲弾のすさまじい地響きの音もけろりと消えて、東に紫金山がその名の通り紫に霞み、北に玄武湖の鏡面がキラキラ光り、城門から城内にまっ直ぐ広い道路がのびて、街路の先端はほのぼのと霞んで見えた。地図を見るとこれが南京のメーンストリートの東中山路で、城外は今朝私たちが歩いてきた中山陵に通ずる道路である。街路を中心に南京の大都市が整然と夢のように開けているのが、私たちの眼を疑わせるほどであった……。

首都は西北角の難民区と旗を掲げた一区画を除いて、全市人っ子ひとり居ない〝死の町〟に化していた。不思議なことに、城外のあの酸鼻をきわめた破壊の跡にもかかわらず、城内は整然としていて、あまり破壊された形跡も見当らず、道には屍体一つ発見されなかった。

——これが昨日まで激戦を交えた戦場の跡かと疑わせるほどの、清潔にさえ見える静かな沈黙の街であった。少なくとも私の第一印象は、中山路に関するかぎりそうであった。城外ではまだ流血の生ま温ささえ感じさせる戦禍の跡にひきかえ、街は凍るような静寂さが、沈黙の秩序をもって守られていた」

これらの将兵や記者の証言で十三〜四日の市内の情況がどんなものであったか、容易に推察できよう。東京裁判の証言とは雲泥の差である。どちらが〈真実〉か読者に自ずから分って頂けると思う。

三　挹江門から下関にかけても市民の虐殺死体はなかった

光華門、中山門、中華門など、やぶられた南門周辺の風景はおおむねこのようであったが、敗兵が大挙していちどに脱出した挹江門《ゆうこうもん》の景観は全く惨憺《さんたん》たる異様なものであった。挹江門は下関↓揚子江に通ずる門で、中央に大門と左右に車一台が通過できるほどの側門がある。唐生智はこの門を城兵や住民が脱出しないように、外から土嚢を積みあげてガッチリと固めていた。この閉鎖を取りかたずけたのが赤羽第一師団工兵隊所属の第一、第二小隊である。

その隊長**酒井松吉陸軍中尉の証言**

「われわれの部隊は、揚子江を遡航し、十二月十五日、六日ころ南京に上陸、挹江門の正面大門と左脇門の閉鎖解除と、附近の死体のとりかたずけを命ぜられました。工兵二個小隊とトラック二台で、約七日間を要して、すべてのかたずけが終りました。

当時城壁から数十本の布紐が、巾十五メートルぐらいの間隔で垂れ下っていて、城壁の高さ約十七、八メートルの下に多数の死体がありました。のちに支那側は、この附近で二万人が日本兵に虐殺されたと報道していましたが、私の見た状況では、門の内外に一発の弾痕も見られず、従って当時、同所には一名の日本兵もいなかったものと思われます。まして大虐殺など思いも及ばないところであります。

当時の状況から判断すると、若干の市民をふくむ多数の支那軍人が、内側から城壁にかけのぼり、布紐を伝わって逃げたのですが、大勢の人間がわれ先にとひしめき、後より押されるまま〝人間なだれ〟となって城壁の下にどっと崩れ落ち、多数の死者を出したものと思われます。死体をしらべてみましたが婦女、子供は一人もいませんでした。

挹江門を辛うじてのがれ出た多数の支那軍が揚子江岸に殺到したところを、陸からと遡航してきた艦隊とに挟撃され、大惨劇を起こしたものと思われます」

と述べている。

歩兵第三十三聯隊の平井秋雄氏の証言

「私たちは十四日朝、挹江門《ゆうこうもん》に到着したが、門の外側には土嚢が積みあげられて、入城ができない。約二時間の作業で（左脇門だけ）漸く通過できるようになったが、城門の右側に城壁上から数十本のロープが吊下げられていた。最後まで抵抗した敵は、このロープによって脱出したものであろう。

門が外側から土嚢によって閉塞されていることは、城内からの城兵や住民の脱出を防止する唐将軍の意図である。一般住民は早く脱出させ、十二日夕の軍の一斉退却に際しては、門を外側から閉塞して、城内からの市民の脱出による混乱を防止せんとしたものであろう。こうすれば、十三日朝、城外に脱出できる兵隊が壮年男子であって、老幼・婦女子はとてもロープでなど脱出することはできない」と述べている。

これによってもわかるように、挹江門から下関への逃走者は、屈強な敗残兵であって、たとえ一般市民をふくんだとしてもそれはごく少数と推測される。

前項でふれた通り、下関には佐々木支隊が十三日午後一時進出、続いて三十八聯隊、三十三聯隊主力が到着して敗走する敵に猛射を浴びせ、殲滅的打撃を与えた。その敵の死体をいくらと見るか、佐々木少将は「無慮一万五〇〇〇発の弾丸を射ち込んだ」といっているが、五発に一発の命中としても三〇〇〇という計算である。前述の捕虜の叛乱による犠牲や処刑など加えて、従軍記者の間でもその死体数の憶測はまちまちであるが、前田雄二氏は、二~三〇〇〇、畝本正己氏は約四〇〇〇、独立軽装甲車第二中隊本部付の藤田清氏（曹長）は数千といっている。

いずれにせよ、挹江門外の折重なっての死者をふくめて、その大部分は戦闘による犠牲であり、戦死であって「虐殺」ではないことを留意されたい。

南京日本大使館員福田篤泰氏の証言

当時、国際委員会の抗議や苦情を受付ける日本側の窓口は、福田篤泰《とくやす》氏であった。福田氏はのちに吉田首相の秘書官をつとめ、代議士となり、防衛庁長官、行政庁長官、郵政大臣を歴任し、世界連邦国会委員会会長もつとめられ、私も世界連邦運動でいろいろご高誼をいただいた関係にある。

社会的に信用ある政治家である。

福田氏は、当時を回想し、著者のインタビューに答えて次のように語る。

「ぼくは難民区事務所（寧海路五号）にときどき行き、そこの国際委員会と折衝するのが役目であるが、ある時アメリカ人二、三人がしきりにタイプを打っている。ちょっとのぞくと、今日何時ころ、どこどこで日本兵が婦人に暴行を加えた――といったようなレポートをしきりに打っている。〈君！　だれに聞いたか知らないが、調べもしないで、そんなことを一方的に打ってはいかんね。調べてからにし給え〉とたしなめたことがある。あとから考えてみると、ティンパーリの例の本の材料を作っていたふしがある。支那人の言うことを、そのまま調べもしないで、片っぱしから記録するのはおかしいじゃないかと、その後もぼくはいくども注意したものだ（著者注・このタイプが例の四二五件におよぶ日本兵の〝違法〟を記録したのである）。

ぼくは彼らの文句の受付け役で、真偽とりまぜ、何だかんだと抗議してくる。全くうんざりする思いであった。その抗議を軍に伝え、こういう事件が起きた、何とか処理してくれと交渉するのがぼくの役目である。

ある時こんな例があった。アメリカの副領事がやってきて、今下関《シャーカン》で日本兵がトラックで、アメリカの倉庫から木材を盗んでいる、というのだ。それはいかん、君も立会え、というので、参謀に電話し、急いで三人で出掛けた。朝九時ころだったネ、雪がどんどん降って来て寒い朝だった。三人は自動車で現地へ向った。ところが現場には人の子一人もいない。倉庫は鍵が閉っており、開けたような様子もない。〈どうもなっていないじゃないか。おかしいじゃないか。参謀までわざわざ来てもらったのに、これからは確かめてからにし給へ！　一つの事件でも軍は心配して、このようにおっとり刀で駆けつけてくれるのだ、気をつけ給へ〉といって叱ったことがある。副領事も〈これから気をつけます〉といって頭をかいていた。

こんな事件は度々あった。アメリカもイギリスも、しょっちゅう軍の作戦を妨害していた。全く敵意を抱いていたネ。でたらめというか、一方的な点が相当あった。ティンパーリがあることないこと一ぱい書いているが、その内容自体ほとんどが伝聞である。あの時の難民区にいたマギー牧師外二〜三人が、ポンポンとタイプを打っていたが、支那人が言ってきたこと、噂をしていること、それをそのままタイプにし、それが彼の文章になっている。どうもそれに違いないとぼくは思う。

日本軍に悪いところがあったことも事実である。しかし、二十万、三十万の虐殺はおろか千単位の虐殺も絶対にない。あの狭い城内に日本の新聞記者が百人以上も入っていたのである。その上、外人記者も外国の大公使館の人々も見ている、船も外国の艦船五隻も揚子江に入っている、いわば衆人環視の中である。そんなこと（虐殺）などしたら、それこそ大問題だ。

絶対にウソである。宣伝謀略である。

ぼくは南京が陥落した十三日に入城した。馬渕（誠剛氏）と三人で、日本大使館に国旗をあげた。そしてぼくら二人が大使館の鍵を開けて最初に入ったのだ。そのあと岡崎（勝男）大使、福井（淳）総領事等がだんだんやってきた。その夜（十三日）、鼓楼の近くにある中国銀行で、電気はないのでローソクをともし、持ってきた缶詰を開け、一升瓶の栓を抜いて、原田熊吉《はらだくまきち》、長勇《ちょういさむ》、佐々木到一《ささきとういち》といったつわものと祝盃をあげたことを覚えている。

一番の難問題は、難民区の中に逃げ込んだ便衣隊をどう摘出するかということであった。委員会では普通の良民が引っぱられたといって訴えてくる。ぼくらは軍に気をつけてくれと申し入れる。帽子のあとがあるとか、丸坊主頭だとか、手に銃を持ったタコがあるとか、ともかく数千の敗残兵が難民区に逃げ込み、委員会がこれを許してかくまった。しかも、何らの識別もしなかった。それがのちのちの問題になったわけである。

上海戦、南京戦では、老婆や子供までが抗日戦に協力し、老婆だと思っていたわってやると、うしろから手榴弾を投げる。子供は手旗や花火をあげて日本軍の所在地を知らせる。百姓姿の常民が急に日本兵を狙撃する。そのため多くの犠牲者を出している。戦友が殺されている。難民区に逃げ込んで、平服を着ているからといって決して油断できるものではない。ブチ殺せ！　やっちまえ！　という気持になるのも当然である。それが戦場心理である。まして便衣隊は戦時国際法の違反であり、即時射殺も構わないことになっている。この処刑問題があっただけで、それも数からいえば一〇〇〇人足らずと思う。

ぼくは翌年春まで、大使館の苦情処理係のような役目を果し、国際委員会と折衝し、市中も見て歩いたが、伝えられるような大虐殺など絶対になかったことを、くり返し申しあげたい」と述べている。

同盟通信特派員・小山武夫氏の証言

南京事件に関しては中学校、高等学校の教科書にも記述がある。中学校用の歴史教科書（昭和五十九年当時）は次のように書いている。

「……女性や子どもをふくむ中国人を大量に殺害しました」（東京書籍）。「……婦女子をふくむ多数の中国人を殺害し、諸外国に報じられ非難されました」（大阪書籍）」。「……日本軍は、捕虜や、子ども、女性などをふくむ多くの住民を殺害し、暴行を行った」（教育出版）。「……二十万人ともいわれる捕虜や民間人を殺害し、暴行や略奪もあとをたたなかった」（日本書籍）。「……大ぜい中国民衆を殺していた」（日本文教出版）。

「……捕虜・武器を捨てた兵士、老人・女性・子どもまでふくめた民衆を無差別に殺害した。……このときの死者の数については、数万人、十数万人、三十数万人以上などと推定されている」（清水書院）。「兵士だけでなく、女性や子どもをふくむ多くの中国人を殺害し、諸外国から『日本の蛮行』と非難されました」（帝国書院）。「日本軍によって民衆にも多数の死傷者がでた。なお、この事件の実態については資料の上でも疑問点も出され、さまざまな見解があり、今日でも論争が続いている」（扶桑社）。

そしてその多くは、「日本国民には知らされませんでした」と書いている。

本当に日本は、当時「国際的非難をうけた」り、「諸外国から非難をあびた」のであろうか。松井石根大将は、南京に組織的な大虐殺があったなどということは、敗戦後アメリカでそういう放送がなされているという噂で初めて知ったといい、南京雨花台で処刑された第六師団長谷寿夫中将も同様そんな事件があったことなど露ほども知らなかったと述べている。つまり、軍司令官も師団長も知らなかった事件なのである。

松井大将は、昭和二十二年十一月二十四日、東京裁判の証言台に立った。

ノーラン検察官は、松井被告に対して、あなたは、宣誓口供書の中で、十二月下旬南京において、「ただ若干の不法事件ありたりとの噂をきいたのみで、かかる事実（虐殺）について公的報告を受けたることはない、といっているが、その噂とは、どこから出たものか、新聞報道から知ったのではないか」ときいている。

これに対して松井被告は、「そのころ支那の新聞に多少そういうことが出ておりましたかも知れませんが、まだそのころは新聞なんかにはそういうことはあまり出ていなかったと記憶します」と答える。

そこでノーラン検察官との一問一答がはじまる。次の通りである（「速記録」のまま）。

問　それでは外字新聞で見ましたか。

答　外字新聞にも多少あったかも知れませんが、私はずいぶん注意して外字新聞、支那新聞も当時よく見ましたけれども、あまりそういう記事はありませんでした。……少なくとも私が上海におるころには、そういうものは見ませんでした。

問　あなたは昭和十三年一月に上海においてハーレット・アベンド氏（ニューヨーク・タイムズ記者）と会見していますか。

答　会いました。二度会見しています。

問　あなたは彼を迎えにやったではありませんか。

答　南京に関していろいろデマがあるということを聞きましたので、そういうことをアベンド氏あたりが聞いておるかどうかを知りたかったこと。また私の承知しておる点から、事実をなるべく正しく知らしたいと思って彼を特に招《よ》んだのであります。

問　換言すれば、そのころ広まっていた噂を鎮圧するという目的で招んだのですか。

答　鎮圧というのは語弊があります。彼から情報を聞くということと、真実を報道してもらいたいという私の心持ちからでありました。

やりとりは延々と続くのであるが、私がここで検討したいのは、当時外字新聞の記者たちが、いわゆる「南京大虐殺事件」なるものを知っており、日本に非難をあびせる記事を送っていたか否かということである。

松井大将がいうには、当時上海にはたくさんの外国通信記者がいたが、アベンド氏あたりが最も信頼すべき人物だと思ったので、特に彼を招んで二回にわたって話し合ったというのである。その結果、アベンド氏も南京にそのような虐殺暴行事件があったなどということは、全然関知していないとはっきり答えた、と松井大将はいっているのである。

これを裏付ける証言がある。

当時同盟通信の特派員であった元中日新聞社取締役、元中日ドラゴンズ社長小山武夫氏である。

小山氏は昭和十三年九月、中国に派遣を命ぜられ、九月二十八日に南京支局に着任した。同盟支局は「中央日報」の社屋にあった。そこには「支那派遣軍報道部南京出張所」もあり、いわば同じビルに報道部と同居していたわけである。

十月二十日のことである。上海報道部の斡旋《あっせん》で、上海在住の権威ある英・米・仏・独等の通信員や支局長クラス十四、五人が、南京の戦跡を見学したいというので南京にやってきた。一行はダグラス機をチャーターして、郊外の大校飛行場に着陸した。南京報道部の将校がこれを出迎えて、戦跡案内を行った。小山氏はこの一行に加わり、一緒に戦跡めぐりをやったのである。小山氏の写真帳には、大校飛行場での出迎えや、中山陵、雨花台、中華門や市街地で撮ったと思われる数葉の写真がある。

小山氏はいう。一行は自動車四、五台に分乗して、一行の希望する通り、戦跡を見てまわった。説明は報道部の将校がおこなった。名のある激戦区――光華門はもちろん下関や富貴山《ふきざん》や紫金山《しきんざん》、新河鎮《しんかちん》といった戦場跡も見てまわった。自分も彼等と一緒に説明を聞きながらついて歩き、写真も撮った。

「この間、一四、五人の外人記者団からいわゆる〝大虐殺〟なるものに関する質問も意見も全く出なかった。私自身南京在勤中、それらしい見聞も耳にしたことはない」と述べている。

つまり、質問する者がいなかったということは、南京に、いうところのアトロシティー（大虐殺）など彼らは全く耳にしたことがなかったのである。否、耳にしなかったのではない、無かったということである。

南京占領から十ヵ月、たとえ噂にしろ事実にしろ（事実だったらなおさらであるが）好奇心一〇〇パーセントの外国一流の新聞社の支局長や通信社の派遣員である、地獄耳をそばだてて、事件の真相を追求するはずである。それがなかった。なかったということは、噂すら聞いていなかったということである。その記者たちが、「南京大虐殺」なるものの報道記事を書くはずがない。

そして、「私が二度目に南京に勤務したのは十四年十月から十七年十二月までの長期間、しかも当時の南京憲兵司令官は富田直澄《とみだなおずみ》少将で、私の親戚先きにあたるところから、気安く、時々お邪魔しては雑談したが、ついぞ〝大虐殺〟に関する話は聞いたことがなかった。私自身東京裁判がはじまる前までは、南京にそんな大事件があったなど全然知りませんでした」と述べている。

最後に小山氏は、いわゆる「南京大虐殺」について、著者に次のようなコメントを下さった。

「〝南京大虐殺〟なるものが文字通りなら、虚構といわねばなりません。南京攻防戦では、わが同盟通信社でも勇敢な記者やカメラマン、無電班員など相当数の犠牲を出しましたが、日本軍、中国軍とも莫大な数の戦死傷者を出しています。陥落した直後、紫金山一帯に中国兵の屍体が幾百幾千と残されていたことは事実で、私たちは同僚からそれを聞き知っておりました。そんな中に違法な便衣隊やまき添えになった不孝な市民がいたとしても、無理からぬことといわねばなりません。戦争というものはそういうものだからです。

問題は、直接戦闘のまき添えになった者以外の市民が、日本兵によって理由なく殺害されたかどうか。この場合に、はじめて〈虐殺〉というケースとなるわけですが、その数が十万、二十万などというのは最初から論外です。私の支局のルイという少女の場合でも、城内にいて凌辱はされても殺されてはおらず、日本兵がすべて鬼畜だったとは考えられません。

私は極東軍事裁判史観とでもいうべき見方（史観）には与《くみ》しません。そして南京大虐殺なるものも勿論信じません。ただ、あのような戦争には多くの犠牲が伴い、不意な行為や、神を恐れない所業が絶無だったといい切れない所に人類の悲劇があります。これは否定できません。

〈南京大虐殺〉をさも実在したかのように受け取り、発表する人々は、この数字（二〇万、三十万などという数字）が合理性を持つものかどうか、科学的な検討を加え、説得力のある説明を公表すべきです」。

結局、松井大将や谷中将のいうとおりで、敗戦後、東京裁判が始まって、はじめて世界は「衝撃をうけ」、「国際非難が高まった」のである。ということは、南京事件は東京裁判の時点で創作発表された虚妄のドラマだったということができよう。

南京救済委員会・末包敏夫氏の証言

これに類する証拠がまだいくらもある。

インド国民会議派は、当時中国に同情して医療団を派遣した。昭和十三年九月から十八年五月まで、五名のインド人医師たちが、香港を経て漢口にとび、漢口が失陥すると、宜《ぎ》昌《しょう》、重慶《じゅうけい》、延安《えんあん》などで医療活動をした。彼らは、毛沢東《もうたくとう》や周恩来《しゅうおんらい》はもとより、当時中国で活躍したエドガー・スノーやスメドレーその他の内外の著名人と会って、日本軍の戦いぶりや〝暴虐〟ぶりを聞かされている。しかし、それらのだれからも、南京に「大虐殺」があったなどということはいちども聞かなかったというのである。

ＹＭＣＡ中国駐在員として、昭和十四年から十八年にかけて南京救済委員会（南京安全区国際委員会は十三年二月発展的解消をとげ救済委員会となる）のメンバーとして、朝天《ちょうてん》病院で救援事業にあたっていた末包敏夫《すえかねとしお》氏はいう。

「私は金陵大学のスミス教授やベーツ教授、マギー牧師その他国際委員会で活躍された方々と一緒に南京の難民救援事業にたずさわった。占領当時、日本軍は強姦や略奪などずいぶん荒っぽいことをやったという話はききましたが、何千、何万も『虐殺』したなどという話は、ついぞ聞いたことがありません。

難民たちの間にもそのような噂話はありませんでした」

同盟通信従軍記者・前田雄二氏の証言

同盟通信の従軍記者であった前田雄二氏は次のように証言する。

「戦後、中国側では、被害者を二十万とか三十万と称しているが、これは中国式の〝白髪三千丈〟的表現で、単に〝多い〟という言葉と同義語と見てよいだろう。私は当時、同盟通信記者として従軍しており、前線部隊と行動を共にし、南京占領からその直後の模様を一部始終見聞していた。そして、そんな途方もない数字の〝大虐殺〟などなかったし、まためり得ようはずのなかったことを知っている」と、きっぱりいい切っている。それでは常民や婦女子の虐殺についてはどうか、これまたはっきりとこう証言する。

「いわゆる〝南京大虐殺〟というのは、二、三十万という数は別にしても、主として常民や婦女子を虐殺したというものだ。ところが、殺されなければならない住民婦女子は〈難民区〉内にあって、日本の警備司令部によって保護されていた。そして私の所属していた同盟通信社の旧支局はその中にあり、入城四日目には、私たち全員この支局に居を移し、ここに寝泊まりして取材活動をしていた。

すなわち難民区内が私たちの生活圏で、すでに商店が店を開き、日常生活が回復した住民居住区の情報は逐一私たちの耳目に入っていたのだ。こういう中で、万はおろか、千、百あるいは十をもって数えるほどの虐殺がおこなわれるなど、あり得るはずがなかった」と述べている。

すなわち、「捕虜の処刑、殺害」はあったが、それは戦闘行為の枠内で論ぜらるべきものであって、非戦闘員の多量虐殺の事実はなかった。それがさも事実があったかのように伝えている。

なぜこのように歴史がゆがめられたのか。それは、戦後の東京裁判史観によるものだろう。

私自身も、南京陥落の八ヵ月後の昭和十三年八月、従軍記者として南京に行き、松井大将に命ぜられた南京市内および近郊の治安状況について調査している。目的は漢口攻略戦に参加することであったが、それまで約三週間ほど南京の兵站宿舎に滞在し、司令部、報道部、大使館、特務部、宣撫班などを訪問し、玄武湖や中山陵、雨花台、遠くは句容、湯水鎮など視て回った。すでに南京市の人口は四十万人以上に増えており、邦人も一五〇〇人を越えて、活況を呈していた。また「難民区」の入口の要所には歩哨が立っていて、無用の者の出入を禁じ、「良民証」のチェックを行っているのが印象的であった。もちろん〝虐殺〟の噂などつゆほども聞かず、下関街一帯と中華、中仙門外のみが戦禍の跡生生《なまなま》しく、荒れていたが、市内は殆ど旧に復し、外出の兵隊も丸腰で、どこを歩いても不安はなく、市民は上海の市民よりも遥かに明るく、素朴で、愛想がよかった。

考えてもみるがいい。昭和二十年三月十日の東京大空襲——B29による徹底的な絨緞《じゅうたん》爆撃の死者は八万人といわれている。長崎の原爆の死者四万人、広島における原爆の犠牲者は十四万人という。一木一草も残さず一瞬にして焼野原と化した広島——南京の一七倍の面積と一・五倍の人口をもつ広島の原爆犠牲者でさえも一四万なのである。

前述のごとく、南京は郊外を含めても約四十平方キロ、東京・世田谷区の五分の四の面積で、当時の市民は二十万人といわれ、早くから全員「安全区」の中に集められていた。そこには一発の爆撃も砲撃もなく、火災すら一件もなく保護されたのである。そのため二週間後にはその人口は二十五万人に増えている。ここを守備した唐生智軍約五万は、戦闘により壊滅的打撃を受けている。このように〝虐殺〟する相手の人間が安全区以外にはいないのに、どこから、二十万だの、三十万だのという大量の人間が出て来たのだろうか。

戦闘ならともかく、万という人間を殺すには、それなりのシステム、イデオロギー、機関が絶対必要である。もちろん道具も、資材もそれなりの設備も必要である。そんなものが当時の中支派遣軍にあり得たかどうか。松井大将は〝聖将〟といわれるほどの人道的将軍として知られた人である。その松井大将が、市民の大虐殺を命ずる可能性は全くゼロであるし、事実又してはいない。また軍司令官に知らせないで、末端が二十万、三十万の市民の大虐殺をするなどということは、軍制的、技術的にまったく不可能である。

あるドイツの戦史研究家が、日本の歴史をつぶさに調べてみると、歴史上、西洋にあって日本にないのは、計画的・組織的な大量虐殺だと書いている。

中国でもヨーロッパでも大量虐殺の話は山ほど出てくる。そしてこれを行った大王や将軍は英雄とされている。そのよき例が、項羽の秦兵二十余万人の、史上最大の阬《あな》うめという戦術である。その後も項羽と劉邦が競うように、〝あなうめ〟戦術で大量虐殺をやり、阬うめという名詞が「イキウメニスル」という動詞として使われるほどになった。南京で日本軍は、大量の中国人をあなうめにしたと、宣伝しているが、これは中国的発想で、日本の戦史には〝あなうめ〟による大虐殺などという事例はどこにも出てこない。

日本戦史の特長は、下級武士や一般住民を計画的に大量殺害した例はほとんどないことである。いかなる理由であれ、大量殺人を犯した大名、将軍は絶対に評判が悪いのである。この点中国とは価値基準がちがうのだ。

大東亜戦争中に、日本軍はかなり多くの現地人を殺害したといわれるが、そのほとんどは将兵の逆上か不本意な手違いによるもので、計画的・組織的なものではない。日本軍の「残虐行為」は刑事犯罪的であっても、決して計画的なものでも、政治的犯罪としての組織的なものでもないことを、しかと銘記しておきたい。

南京占領前後のスミス博士の調査資料

表1にスミス博士の調査した資料を示す。それについて検討してみよう。

結論からいって、「前期資料」のうちでも、いちばん信憑性のある資料である。私は、この資料は一級資料中の白眉と思っている。洞教授は、抽出法による調査報告など価値が薄く、評価できないとして、あえて無視する態度をとっている。しかし、抽出法による調査が信頼できないというなら、いったいどういう調査方法が、信頼できるというのであろうか。南京の何処何処《どこどこ》で何万、何十万が機銃掃射をうけたとか、餓死させられたとか、殺害されたとかいったところが、それは〝見た〟と称する人間の証言（単数）だけで、それを裏付ける証拠が何もないとしたら、果してそれを見たと称する人の被害者総数イコール「南京大虐殺」の総数である——といった計算の仕方が正鵠であるといえるであろうか。洞氏をはじめ「大虐殺派」の人々は、概ねこの計算方法で、二十万、三十万、あるいは中国側発表を鵜呑みにして四十二万といった数字をはじき出しているのである。

また、抽出法による調査が信頼できないというならば、ギャラップをはじめ現在各新聞

表1　日付別による死傷者数および死傷原因

日付 (1937−1938)	死亡原因			負傷原因			拉致されたもの**	死傷者総計	兵士の暴行による死傷者の比率(%)
	軍事行動*	兵士の暴行	不明	軍事行動*	兵士の暴行	不明			
12月12日以前	600	—	—	50	—	—	—	650	—
12月12，13日	50	250	—	—	250	—	200	550	91
12月14日～1月13日	—	2,000	150	—	2,200	200	3,700	4,550	92
1月14日～3月15日	—	—	—	—	—	—	250	—	—
日付不明のもの	200	150	—	—	600	50	50	1,000	75
計	850	2,400	150	50	3,050	250	4,200	6,750	81
12月13日以降の暴行件数の比率　(%)		89			90				

*「軍事行動」とは爆撃・砲撃・戦場における銃撃を指す。
**これら拉致されたものについては大半がまったく消息不明である。

社や総理府などで行っている調査は、すべて信用できないということになる。

多数の学生を動員し、二人一組となって、五十戸に一戸の割合で家族の被害状況を聞きとりで調査したのである。しかも戦禍も鎮静した翌年の三月から四月にかけての約一ヵ月間にわたっての調査である。市部における建物の調査は、十棟に一棟の割合で、軍事行動、放火、略奪等の被害を調査している。スミス博士によると、調査員は国際委員会の評判が良かったため親切に迎えられ、損失報告等も誇張なく、つつみ隠しもなく応じてくれたといっている。

また、城内の人口は二二万一一五〇人と増加したが、城外の調査地区の人口はわずか八五五〇人にすぎず、中国軍による焼払いや暴行によって、その被害は想像以上に甚大であったと述べている。

調査によると、南京での市民の死亡者総数は三四〇〇〇人で、うち八五〇〇人が軍事行動によるものである。軍事行動というのは、戦闘中の砲弾や爆撃、銃撃等によるもので、しかもそのうちの六〇〇〇人が南京占領前の死亡である。

「兵士」の暴行によって殺害された者は二四〇〇〇人で全体の七十四パーセントにあたる。留意すべきことは「兵士」の中には中国兵も加わっていることである。教授は言う。この死者および負傷者のうち日本兵によるもの、すなわち十二月十三日の占領以後の死者の八九パーセント（二一三六人）および負傷者の九十パーセント（二七四五人）が日本軍の暴行によるものというのである。

拉致されたもの四二〇〇人というのは、日本軍による拉致で、臨時の荷役あるいはその他の日本軍の労役のために徴発されたものである。またスミス教授は、次のごとく述べている。「多くの些細なる件を無視すれば、軍事行動による死傷者、および拉致された者は、二十三人につき一人、つまり五家族につき一人である。このような死亡の重大な社会的・経済的結果は、われわれの調査記録から直接計算しても、その一部を示すことができる。父が殺害・負傷、あるいは拉致された子供の数は三二五〇人である。暴行によって死傷した六七五〇人のうち、わずか九〇〇人（十三パーセント）が、軍事行動で不幸に見舞われたものである」と。

スミス博士はこのような説明文のあと、表1のような「日付別による死傷者数および死傷原因」の表を示している。

すなわち、南京占領後日本軍の暴行による死者は二一三六人、負傷者二七四五人、拉致された者四二〇〇人という数値である。

博士はこの他に南京を中心に六県にわたる広範な地区の農村における戦争の被害状況を詳細に調査しているが、省略する。

東京裁判の弁護人側は、スミス博士の証人喚問を要請した。最初検察側も諒承していたが、どたん場になってサトン検事は「確カニソンナ約束ハシナカッタト思イマス」とごま化した。そして同検事は最後に「我々ト致シマシテハ『スミス』博士ヲ証人トシテ出廷サセル意思ハアリマセヌ」と突っぱねた。

スミス証人の口供書は、二十一年八月二十九日、モニターによって朗読された。博士はこう供述している。

「私ハ一九三八年ノ春ニ南京地区ノ戦災ノ状況ヲ検分シマシタ。ソノ結果ガ『一九三七年十二月ヨリ一九三八年三月ニ於ケル南京地区ノ戦禍及都市村落ノ調査』ト云ウ書物ニナッタワケデアリマス。コノ本ハ一九三八年六月付デ南京国際救恤《きょうじゅつ》委員会デ発行サレマシタ」

スミス教授は、この調査結果に誤りないことを言外に示した。ベーツ教授やマギー牧師のように、掌《たなごころ》をひるがえし、日本の敗戦に乗じて誇大宣伝の片棒をかつぐような不見識な態度はとらなかった。この時、スミス教授はまだ南京に在住していた。南京政府が東京裁判に提出する犠牲者の数を水増しするのにやっきとなっている時である。「あの時は日本軍の勢威の前にああいう数字を示したが、実は……」とでも何とでもいえた時期である。しかし博士は学者としての良心を貫いて、自己の調査の正しさを主張したのだ。

東京裁判は博士の口供書は朗読したものの肝心の博士が心血を注いだ右の『一九三七年十二月より一九三八年三月に於ける南京地区の戦禍及都市村落の調査』は却下し、記録にとどめることさえしなかった。

なぜか。いうまでもなく、南京事件の中国側の被害者数があまりにも少なすぎたからである。この数字では西のアウシュヴィッツに比較する〝大虐殺〟にはならないからである。同じ理由で「大虐殺派」の人びとはこのスミス博士の統計をつねに敬遠する。

日中両戦没者を祭祀して興亜観音を建立した松井大将

東海道熱海駅から東へ約三キロ、伊豆山権現の下を通り、バスで一五分もすると、「興

亜観音前」に停まる。

ここから杉林の間を縫うように急勾配の参道が続く。

「興亜観音」は、この伊豆鳴沢山の中腹にある。

小さなお堂と、舞台作りの休憩所が、日がら鳴りやまぬ松籟《しょうらい》の中に、ひっそりとしたたたずまいを見せている。この山頂からは初島が手にとるように見え、遠く伊豆の大島が紺碧の海の彼方に霞んでみえる。

この興亜観音は、中支派遣軍司令官陸軍大将松井石根の発願によるものである。

興亜観音縁起

支那事変は友隣相撃ちて莫大の生命を喪滅《そうめつ》す　実に千載の悲惨事なり　然りと雖《いへども》　是所《いは》謂《ゆる》東亜民族救済の聖戦なり　惟ふに此の犠牲たるや　身を殺して大慈を布く無畏の勇　慈悲の行真に興亜の礎たらんとする意に出でたるものなり　予大命を拝して江南の野に転戦し　亡《うしな》ふ所の生霊算なし　洵《まこと》に痛惜《つうせき》の至りに堪へず　茲に此等の霊を弔ふ為に彼我《ひが》の戦血に染みたる江南地方各戦場の土を採り　施無畏《せむゐ》者　慈眼視衆生《じげんをもってしゅじゃうをみる》　の観音菩薩の像を建立し　此の功徳を以て永く怨親《をんしん》平等に回向《ゑこう》し　諸人と倶《とも》に彼の観音力を念じ　東亜の大光明を仰がん事を祈る　因に古島安二氏其他幾多同感の人士併《ならび》に熱海市各方面の熱心なる協力を感謝す

紀元二千六百年二月（昭和十五年二月）

願主　陸軍大将松井石根

元熊本第六師団の陸軍少将牧次郎《まきじろう》が、松井大将の命を受けて、上海、南京の戦跡を巡拝した。いっぽう元中支那派遣軍司令部附通訳官であった岡田《おかだ》尚《たかし》は、松井の命により、上海戦最大の激戦地である大場鎮の「土」を採取した。この土と瀬戸の土を練り合せて作ったのが、御内陣の興亜観音像である。製作者は、のちに人間国宝となった陶芸家加藤春二《かとうしゅんじ》である。このほかに、帝展審査員小倉右一郎《おぐらゆういちろう》と柴山清風《しばやませいふう》の合作になる陶製の興亜観音露仏像が建立された。

御堂の扁額は、元上海派遣軍司令官朝香宮鳩彦王が揮毫された。

松井大将が、怨親平等の観音の慈悲の精神を顕現するため、日本国戦死者の霊と中華民国戦死者の霊を祀る〈興亜観音〉を建立されるというので、各方面から協賛の申し出が相次いだ。

洋画壇の宮本三郎《みやもとさぶろう》、栗原信《くりはらまこと》、吉田初三郎《よしだはつさぶろう》、日本画壇の堂本印象《どうもといんしょう》、西村真琴《にしむらまこと》の壁画や名作が堂を飾った。ことに堂本印象の墨一色の竜の天井画は見事なものであった。その他徳川《とくがわ》義親《よしちか》侯から香炉、北京の仏教学研究院院長による「東亜救星額」ほか青銅五重の塔や、韓国人による韓国型石燈籠、あるいは菩提樹や観音菩薩掛軸などが寄進された。

比叡山延暦寺長﨟《ちょうろうは》葉上照澄《がみしょうちょう》師によって、近衛文麿《このえふみまろ》、広田弘毅《ひろたこうき》、小笠原長生《おがさわらちょうせい》ら各界の名士数十名による『観音経』の一句一句の寄せがきが一冊の本に製本されて奉納された。

かくて興亜観音は、昭和十四年冬に落慶し、翌十五年春、増上寺椎尾弁匡《しいおべんきょう》管長の導師により、開眼式が、おごそかにとりおこなわれた。

松井大将は、この鳴沢山の山麓に庵《いおり》をかまえた。庵の名を〈無畏庵《むいあん》〉と号した（それまで大将は借家住いであった）。そして毎日一回は、杖をひいてこの山に登り、観音堂の堂守りとして、読経三昧の生活に入った。

名利を捨て、俗塵を払い、日中両民族の戦いに殪《たお》れた霊をひたすら祭祀する大将の姿は、日露戦役後那須の山荘に隠棲した乃木希典《のぎまれすけ》大将の晩年を髣髴《ほうふつ》させるものがあった。

松井の読経三昧の生活は、アメリカ占領軍の進駐によって、終止符が打たれた。松井石根大将をA級戦犯容疑者として逮捕するよう命じたことが、渉外局から発表されたのは、昭和二十年十月十九日のことである。

このときの名簿は、元陸相荒木貞夫《あらきさだお》陸軍大将、元関東軍司令官本庄　繁《ほんじょうしげる》陸軍大将、元教育総監真崎甚三郎《まざきじんざぶろう》陸軍大将、この三人の大将は奇しくも松井大将と陸大九期の同期生である。このうち本庄大将は、逮捕をいさぎよしとせず、十月二十日、青山の補導会本部で割腹自殺をとげた。自殺者は、元参謀総長杉山元陸軍元帥、東條内閣の厚生大臣小泉《こいずみ》　親彦《ちかひこ》、同じく文部大臣橋田邦彦《はしだくにひこ》博士につづいて四人目であった。真崎大将はソ連検察官の横ヤリで、元関東軍司令官梅津美次郎《うめづよしじろう》陸軍大将と交替することとなり、起訴をまぬがれ、二十八人の被告席から外された。そのほかに元首相小磯国昭《こいそくにあき》陸軍大将、元外務大臣松岡洋右《まつおかようすけ》、元陸相南　次郎《みなみじろう》陸軍大将、元駐伊大使白鳥敏夫《しらとりとしお》がいた。なお不起訴となったが、同日逮捕状が出たのは、元言論報国会理事長鹿子木員信《かのこぎかずのぶ》、財界の大御所といわれた久原房之助《くはらふさのすけ》、黒竜会代表幹事葛生能久《くずうよしひさ》がいた。

このとき松井大将は風邪をこじらせ肺炎を併発しており、武見太郎《たけみたろう》医師の診断書を添えて、入獄延期願いを提出、これが認められ、大将が巣鴨プリズンに入獄したのは、翌二十一年三月五日のことであった。二十一世紀の今日も、興亜観音露仏像は、遠い中国の南京の方角に向って合掌して、日中両国民の平安を祈っている。

昭和の聖将・松井石根の武士道ここにあり

松井石根の同期には、内閣総理大臣を拝命した阿部信行がいる。荒木貞夫は陸軍大臣となった。真崎甚三郎は周知の通り、二・二六の青年将校たちをふくむ、いわゆる皇道派から首相に擬《ぎ》せられた。本庄繁は関東軍司令官となり、のち宮中に入り侍従武官長の顕職についた。ひとり松井のみは、大臣にもならず、顕職にもつかず、同僚の四人の大将よりも一と足早く現役を退くのであるが、それには次のような経緯があった。

昭和三年六月、「張作霖爆死事件」というのが起きる。張作霖が北京から奉天に引揚げる途中、列車もろともに爆破され、張は爆死するのであるが、これを爆破したのは河本大作大佐の独断的謀略であった。この時松井は参謀本部第二部長で、時の内閣総理大臣は田中義一大将であった。松井は事件の真相を知るや、ただちに河本大作を処断し、天下にその罪を謝すべきであると主張し、田中首相に進言した。

この事件の起こる前、松井は北伐に苦慮している蔣介石を田中首相に引き合せている。自ら大元帥を名乗り、皇帝を夢みている張作霖を満州に封じ込め、蔣の北伐を成功せしめるため、日本は蔣に力を借す、そして国民党をして天下を統一せしめる――というのが松井の構想であった。田中・蔣会談は成功し、蔣は松井に感謝して中国に引揚げた。田中首相の指南役には支那問題の権威である佐藤安之助を、蔣介石の顧問には佐々木到一少将を推薦するという段取りまで進行した矢先に起きたのがこの張作霖爆死事件であった。松井が激怒したのも当然である。

一青年将校の浅慮の一失が、このように国策をだいなしにし、帝国の命運をあやうくする。今後のみせしめのためにも断固として厳罰に処し、皇軍の軍紀をただすべし、というのが松井の主張であった。田中首相もこの松井の正論にうごかされ、いちじは厳罰を決意するのであるが、当時すでに軍部内に胚胎《はいたい》していた青年将校の下剋上《げこくじょう》の風潮を押えることができず、田中首相は天皇の叱責をうけて、ついに桂冠《けいかん》のやむなきに至った。従って河本大作は天下にその罪を謝することもなく不問のままとなった。このことを〝天下の紊乱《びんらん》の兆〟と松井は嘆いた。

以後、青年将校らは、松井大将を敬遠するようになった。彼らが軍内に勢力を得るようになり、皇道派だ、統制派だといって派閥争い、主導権争いに浮き身をやつすようになり、ついにそれが相沢中佐の永田軍務局長斬殺という不祥事件に発展するにいたって、松井大将は静かに現役を退いたのである。

そのあとに起ったのが、二・二六事件である。〝皇軍叛乱〟という、建軍以来空前の不祥事件が勃発し、陸相、参謀総長以下軍首脳は、ただ周章狼狽《しゅうしょうろうばい》するばかりで、これを鎮圧する方途も決断もなかった。この一大不祥事を鎮圧したのは、天皇のご決断であった。松井と同僚の真崎、荒木、阿部、本庄の四大将も、現役から身を引かざるを得なかった。

支那事変が勃発するや、松井は現役に復活せしめられ、彼の終生熱愛してやまない中国へ、天皇の大命を奉じて、膺懲の軍を進めることになった。そして敵首都南京を陥して、一国民の負託《ふたく》に応《こた》えた。しかし一部の不心得の兵の紊乱《びんらん》が、政治宣伝に利用され、松井大将はその人柱に立たされた。が、松井は、兵の罪は我が責なりとして下獄し、無畏《むい》を念じていささかも動ぜず、一心平安の境地にあった。

巣鴨プリズンの監房の壁に観音像の絵図を掲げ、朝七時、夕七時、その前に合掌礼拝し、終って『般若心経』と『観音経』を読誦《どくじゅ》するのを日課とした。まことに淡如《たんじょ》たること水の如きものがあった。

〔参考文献〕

防衛研修所戦史室著『支那事変陸軍作戦』〈1〉四二〇頁・四二四頁・四二七〜八頁・四二五頁・四三七頁
「読売新聞」（昭和12・12・7）同盟発特電
「ニューヨーク・タイムズ」（昭和13・1・8）
「東京裁判速記録」（以下「速記録」）第三〇九号（昭和22・11・6）・第五八号（昭和21・8・29）
東亜同文書院編『江南春秋』一七九頁
五島広作著『南京事件の真相』参照
島田勝己編『歩兵第三十三聯隊史』参照
佐々木到一著『ある軍人の生涯』三三五頁
前田雄二著『戦争の流れの中に』・一一七頁・二一二頁
鈴木明著『「南京大虐殺」のまぼろし』一九六〜七頁
「速記録」第三〇九号（昭和22・11・6）
田畑茂二郎著『新訂国際法』（下）二〇二頁・二〇三頁
信夫淳平著『上海戦と国際法』一二五頁

第五章　占領下の南京の実相

松井大将の訓示

南京入城式は、十二月十七日に行われた。

その翌十八日は「忠霊祭」である。松井大将はこの忠霊祭を「慰霊祭」とし、この戦に殪《たお》れた中国の将兵も共に慰霊しようではないかと提案したが、幕僚や師団長らの強い反対にあい、「忠霊祭」として日本軍犠牲者二万余柱を祭祀したと「日誌」に認《したた》めている。

松井大将とすれば、彼の信奉する「大亜細亜主義」の精神に則り、日支両民族の戦死者の霊を倶に祭祀したかったのである。この忠霊祭の直前と直後の二回にわたり、参列者一同に対して、強い言葉で軍紀の紊乱《びんらん》に対し訓戒をしている。

たとえ若干の違反者であっても、その絶無を期した大将としてはまことに遺憾であった。それほどまで松井大将は軍紀風紀に対して厳格であったことがしのばれる。

当時同盟上海支局長の松本重治《まつもとしげはる》（元㈶国際文化会館理事長）は、忠霊祭に参列するためわざわざ上海から出向し、このときの模様を自伝の『上海時代』にくわしく紹介しているので引用する。

「慰霊祭（著者注・忠霊祭のこと）定刻二時の半時間前に入場せねばならぬので、深堀《ふかぼり》報道部長とともに、急ぎ祭場の故宮飛行場へ行った。その日は曇りで、風は強くなかったが、膚を刺すような寒さであった。夜来の小雨が雪と変じ、式場は薄化粧していた。見れば祭場の中央には東面して、白布の祭壇がしつらえられ、祭壇には神酒の外に海の幸、山の幸の供物の数々が供えられ、その後方に高さ数メートルの四角の白木に〈中支那方面軍陸海軍戦没将士霊標〉と認められていた。戦没した従軍記者、従軍カメラマンたちも合せ祀られていたのであった。周囲には白布を垂らした真榊が立ち並び、野戦斎場の簡素な情景の中に、森厳《しんげん》たるものがあった。

祭主としては、陸軍を代表して松井最高指揮官、海軍を代表して長谷川清支那方面艦隊司令長官。両氏が定刻に喇叭の音とともに現れ、祭壇近くに着席した。一段後方に朝香宮中将、柳川中将、近藤陸戦隊司令官、さらに後方に各部隊首脳部将士約五百名が参列していた。式は神式に則って進められ、松井・長谷川両指揮官の祭文が厳粛に読まれ、ついで日高参事官が川越大使の弔辞を代読、両祭主の玉串奉奠があり、その間、陸海軍の喇叭手が吹き鳴らす〈国の鎮め〉のうちに、参列将士一斉に捧げ銃を行い、慰霊祭はいともおごそかに終った……」

松井大将は十二月二十日、挹江門及下関を視察している。「大虐殺派」の論者たちがいうように、下関の死体の中に女性や子供の死体が混じっていたとか、または痕跡をくらますため石油をかけて焼いたとか、死体を冒《おか》したとか、そのような景観をもし目撃すれば、松井大将は決して黙って見過すはずがない。また麾下の部隊たちも、つい三日前の忠霊祭の席で、軍紀風紀の乱れを厳しく叱責されたばかりである。無辜の民衆や女・子供を殺したというようなやましさがあるならは、松井最高指揮官の視察前に、徹夜作業をしてでも、これらの死体を取り片付けるのが軍隊の常識である。それがなく、ありのままを大将に見せて、それらの死体の説明に当っているのである。

米大使館の自動車事件の真相

暮れも迫った十二月二十九日のことである。松井大将の耳に、南京で日本の兵隊がアメリカ大使館の自動車を盗んで運転しているという情報が入ったのである。もっての外だ、何ということかと怒った大将は、ただちに中山参謀を南京に派遣し、当事者やその上官の厳罰を申し渡しているのである。

中山参謀は大将の命を受け、上海領事官員一名を帯同して直ちに南京に駆けつけて、取調べに当たった。調べてみると、真相は全くあべこべで、日本側に何等落度はなく、問題はむしろ米側内部の連絡の齟齬《そご》から生じた事件であることがわかった。

十二月十七日の入城式の翌日、日本大使館参事官の日高信六郎と上海総領事の岡本季正《おかもとすえまさ》の二人は、米大使館を訪問し、同大使館の財産が適正に保護されているか否かを視察した。保護は万全であった。

二人は今後も保護に努力をする旨を語ったあと、米大使館の留守をあずかっていたジョージ・フィッチ（George・A・Fitch）に、同大使館所有の自動車三台の借用方を申しいれた。

その一台は大使専用の車で、運転手付きでお貸し致しましょうということになった。日高、岡本両名とも大よろこびで、これを拝借して乗り廻していた。

二人は十二月二十一日に上海に帰り、翌日上海の米総領事館に出向いて、南京での好意に対して礼を述べた。ところが、C・E・ゴーツス総領事は、とんでもない、そのようなことを承認するわけには参らぬといってカンカンに怒り、このことを漢口にいる米国大使ネルソン・トラスラー・ジョンソンに報告し、国際問題になった。この事件がまわりまわって、大将の耳に、「日本兵による米大使館自動車の略奪」というニュースになって伝えられたのである。

日本側に何の手落があったわけではない、しかし日高参事官は、パネー号事件の直後のことでもあり、大将と相談のうえ、これ以上問題がこじれることを恐れ、新品の自動車を数台上海で求めて弁償している。松井大将も外務省も、それほどまでに気を使って、当時の米・英・仏等列強の言動に神経を尖《とが》らせ、各国ジャーナリストの監視下に、慎重を期していたのである。

この事件は二つのことを雄弁にもの語っている。一つは、この程度の〝事件〟でも、大将の処置は迅速・厳格を極めている。この司令官麾下の軍隊が「大虐殺」を組織的・計画的に、しかもいわば衆人環視の首都で行うなどということをどうして想像できようか。

今一つは、〝事件〟なるものが、いかに薄弱な根拠の下に捏造され得るかということである。国際機関が、正式の手続きをとった上で処置した適正な事柄でも、このような〝国際的な事件〟に発展するのである。

更に言えば、かかる些細なことでも〝国際事件〟になるような状況下で何万はおろか、何千、何百の〝虐殺〟でも大問題となりうることは火を見るよりも明らかである。

占領一ヵ月後の南京

松井大将は、占領翌年の一月十一日と二月六日の二回にわたり、南京を視察している。この時期、国際委員会の資料によると、南京の人口は、すでに五万ふえて二五万となっている。しかし、大将の目からみて、満足とはいい難かった。そこで大将は警備隊長や兵站司令官に、多数中国人を復帰せしめるよう訓戒しているのである。

その翌々日（十三日）上海に帰った大将は、大西派遣軍参謀から「軍占領地に於ける各部隊が地方物資を占領保管し、（そのことが）地方自治の復活上障害となっている」旨の報告を受けた。そこで大将は、参謀長に命じ、各軍経理部長を召集し、状況を確かめると同時に、「かねて各軍に訓示せる如く、既徴発物資に対しては代価を必ず支払うよう」厳命し、かつ今後徴発を必要とする場合は、「中国人責任者と必ず談合し、納得の上適正価額で譲渡をうけるよう」指示した。

松井大将は、江南各地の占領都市の治安状況と軍紀風紀の状況を視察したあと、再度南京を視察した。二月六日のことである。

東京裁判の検事側の論告によれば、この時期、日本軍による放火・強姦・暴行・略奪および常民虐殺の暴虐は一向に衰えず、火災は毎夜計画的に一区画ずつが焼払われており、兵隊の略奪も組織的に、白昼堂々と行われ、街行く市民から金銭や貴重品を巻き上げるといった「信じ難いほどの野蛮な行為」がくりひろげられていたと称する時期である。

松井大将に同行した大西一参謀の証言

「陶銅山《とうどうさん》委員長はじめ自治委員会一同たいへんな感激で、難民区あげてのお祭り騒ぎでした。爆竹はあげる、子供たちは五色旗と日の丸の旗を振って迎えてくれました。中国で〝頌徳〟といったばあい、たんに口先でほめたたえるのではなく、たいへんな儀式があり、その徳に感謝する永久の記念品を贈るならわしがあります。

参謀長はもとより、警備隊長も兵站司令も一緒でしたが、大将は逆に自治委員会に米麦や油、塩などを贈り、何なりと不自由なことや不都合の点は遠慮なく軍司令部に申し出よ、医薬品なども困窮しているのではないか、といって、その場で参謀に指示するといった慈愛あふるる態度でした。列席した国際委員会の外人たちもこの状況に驚いている様子でした。

大将は、〈支那人をいつくしめ〉〈支那人を蔑視してはならぬ〉という訓戒を身をもって示したことからもそれが分かる……」と述べている。

南京占領一ヵ月を経た南京の状況を「東京日日新聞」が一月十八日付の朝刊三面に五段ヌキ写真入りで大きく報道している。**レポートは、同社特派員金子義雄氏。**

「〝新生南京〟の夜明け」と白ヌキ横見出し、「支那娘も大道を闊歩／大手を振る〝円〟の威力／僅か一ヵ月にこの活気」という見出しが躍っており、写真は中山陵を散策する中国人の姿、もう一枚は兵隊たちが丸腰で〝童心にかえって〟羽子板をついている風景である。金子氏の顔写真まで載っている。

「晴れの皇軍入城後もう一ヵ月、この一ヵ月に南京はどう変わったかを見るため長駆上海から自動車を駆った記者は、十六日夜燈火管制下の南京（著者注・中国軍の空襲がこの頃しきりにあった）は月光のみが寒々と街路を照らしていて、人の影とてもない。しかし一夜を明かした今日（十七日）宿営している部隊の喇叭《らっぱ》の音で目を覚せばそこには活気あふれる新生南京の姿がまざまざと眼に映じた。

街を歩くとまず驚かされるのは、支那婦人が多くなったことだ。陥落当時は老人のほか絶えて姿を見せなかったのに、いまは支那の婦人殊に娘が大道狭しと濶歩している。勿論上流家庭の娘でないことは一見してもわかるが、それでも中には若いかれ氏と打ち興じながら歩く彼女もあった。治安が維持されている大きな一つの証左でなくて何であろう。中山路の広場をはじめ挹江門付近一帯も今は屍臭なく秩序が回復されている。

下関付近でも中山東路の付近でも兵隊さんが集る通りには日本人の店が開かれて、しかも『近日開店』の張り札の多いこと、この分で行けば一ヵ月前の敵国の首都南京の大通りは『南京の銀座』となってしまうだろう。その中で日支親善珍風景を現出しているのは街頭理髪店で、日当りのいい所に椅子を持出して開業している支那人理髪師の前に、丸い頭や四角い顔を突き出しているのは勿論わが兵隊さんだ。髪刈廿銭、顔剃十銭、店の構えからいって安くない値段だ。無事頭を刈った兵隊さんはハックションとくさめを一つして立去って行く。その後にはお次のお客さんが待ち構えていて『先生《シーサン》一つ頼むぜ』と蹲《うずくま》り込んでしまう。生れて初めて先生扱いにされた支那人先生目をきょろきょろさせている。

街を歩いてさらに驚かされるのは良民が支那貨幣と日本貨幣の交換を懇望する姿だ。支那人同士なら別だが、日本の物を買うのに日本の金でないと買えない現状から盛んに交換を希望する。掌の上に小銭をのせて日本の銀貨と交換をせがむのだ。記者も求められるままにドル貨一元と日本金一円とを交換してやった。ドルの方が高く万事便利な上海にくらべて、ここ南京のこの現実はどうか。のび行く日本の力、更生南京の夜明けは刻一刻とこくなって行く」と掲載されている。

また同紙は、一月十四日の朝刊三面にも、井上特派員の〈南京十三日発電〉で「南京陥落一ヵ月」のレポートを大きく掲載している。その中には「避難民区の避難民も安心し切って皇軍の温情に感激し、早朝から破損家屋の修理、食糧、燃料、調度品の運搬等に努め、陥落一ヵ月の南京は完全に平和を取り戻した」と述べており、外国関係では早くも「米国領事館が開かれ、ハーケンクロイツの旗を立てたドイツの自動車も頻繁に往来している」と、国際都市南京の復活をレポートしている。

当時南京には百人を越す日本人特派記者が居た

南京は、三国時代、呉の孫権《そんけん》がここに都を定め、建業《けんぎょう》と名づけてから、江南の一大中心地として発展した。唐末には金陵府《きんりょうふ》と改名、南唐二十四年の国都となり、その後幾多の興亡があった。一三五六年明の洪武帝《こうぶてい》がここに都を定め、応天府《おうてんぷ》と称し、のち北の都に対する意味で南京と命名した。現在の城壁は洪武帝によって築城されたものである。清代には江寧府《こうねいふ》と呼ばれ、太平天国軍に占領されて天京《てんきょう》といわれた。孫文は一九一一年、辛亥《しんがい》革命に成功し、翌十二年一月、臨時総統に就任して、ここに中華民国臨時政府を樹立した。以後南京は中華民国の首都となった。

これが南京の歴史のあらましである。周囲三十二キロメートル、高さ十三～二十五メートルの堅固な城壁でとり囲まれているが、その総面積は僅か三十八平方キロの狭い都市である。市外の下関や水西門外、雨花台を含めてもせいぜい四十平方キロである。東京でいえば、世田谷区が五十八・八平方キロ、大田区が四十八・六平方キロ、練馬区が四十七平方キロ、江戸川区が四十六平方キロであるから、これらの一区よりもさらに狭い区域である。市でいうと鎌倉市が三十九・五平方キロであるから、ちょうど鎌倉市の広さである。この狭い地域に腕ききの新聞・雑誌・ラジオ・映画等のカメラマンや従軍記者一二〇名が取材に当ったのである。各大手新聞社や通信社は戦前から支局があり、記者は南京の地理にも明るかった。また大宅壮一、木村毅《つよし》、西条八十といった高名な文筆家も入城していた。大宅は東京日日新聞社の社友として、市内の旧支局に乗り込んでいる。各部隊が南京一番乗りを競ったように、彼らもまた狭い南京城内で特ダネを競いあったのである。

東京裁判によると、初めの一週間に児女をふくむ六万五〇〇〇人の中国人が虐殺され、日本軍による計画的な放火・略奪・強姦・殺戮の〝悪魔の饗宴〟がピークに達し、それがしかも四十日間も続いたと云う。これだけの血なまぐさい大惨劇が連日行われたというのに、一二〇人もの従軍記者や特派員カメラマンのだれ一人として目撃した者もおらず、噂すら聞いた者もいないということは、いったいどう解釈したらいいのか。

戦後、しかも昭和三十年代になって、「福島民友」の秦賢助氏と、「朝日新聞」の今井正剛氏、「毎日新聞」の鈴木二郎氏の三記者が、〝南京虐殺〟を見たと見聞記を発表したが、秦氏は南京戦には従軍しておらず、すべて伝聞のでっちあげであることが判明した。今井、鈴木両記者の記述がいかに根拠のないでたらめ記事であるかは、第一章の元朝日新聞記者の証言で明らかである。

元NHK解説委員であり、昭和十三年初頭から三年間、同盟通信社中南支総局員として南京にも長く滞在した坂田二郎氏は、その著『ペンは剣よりも』の中で「南京大虐殺」は日本史の汚点として三十余万の大虐殺を肯定しているが、氏の挙げる五つの証拠中、氏自身の取材になるものは一つもない。すなわち氏のいう五つの証拠中、主要な三つは東京裁判の検事側論告と、許伝音、ウィルソン両証人の証言の引用である。

東京裁判と南京地方法院で行われた第六師団長谷寿夫中将の裁判のため中国側は膨大な「大虐殺」の証拠を作成した。これが「後期資料」の中核となる。これによって「南京大虐殺」は完成し、じらい、西のアウシュヴィッツと並び称される〝民族の一大汚点〟となるのであるが、要するに坂田二郎氏も自分の目や耳で得た体験ではなく、その「後期資料」を写したにすぎない。「大虐殺派」のおおむねはこのたぐいである。

読売新聞社・上海特派員原四郎氏（元読売新聞社顧問）の証言

「私が南京で大虐殺があったらしいとの情報を得たのは、南京が陥落して三ヵ月後のこと、当時軍による箝口令が敷かれていたわけではない。なぜ今ごろこんなニュースが……と不思議に思い、各支局に確認をとったが、はっきりしたことはつかめなかった。また中国軍の宣伝工作だろう、というのが大方の意見であった」と述べている。

外国人記者や艦船も南京にいた

「朝日新聞」の中村特派員は、十二月十五日、市内目抜きの中山路・中正路が交わる新街巷で、「ニューヨーク・タイムズ」のダーディン記者とパラマウント社のアーサー・メンケン技手と会っている。そこさらにAPや「シカゴ・トリビューン」の記者も集り、断末魔の南京市内の模様など語り合っている。「東京日日新開」によると、十四日早くも「シカゴ・ディリー・ニュース」の記者スティール、AP通信のマックス・ダニエル、ロイター通信のスミスの三記者が、上海から南京にまいもどってきて話し合った記事を報道している。日本の一二〇人の特派記者やカメラマンのほかに、このように各国の記者やカメラマンが競って狭い南京市内の取材にあたったのである。このほかに揚子江には米・英の艦船五隻が停泊しており、さらに前記したように二十七人の外人が戦前から戦中にかけて滞留し、監視していた。いわば衆人環視、鵜の目鷹の目の中に日本軍はおかれていたのである。

いうまでもなく、事件当時の目撃者による記録は第一級資料である。東京裁判はこれらの新聞記事や聞き取りを証拠として提出したが、とくに南京事件に関するかぎりすべて却下された。松井大将の「獄中日誌」によると、記者会見の記事や、「降伏勧告文」まで、新聞に掲載されたものはだめだといって却下されている。「朝日新聞」の橋本、山本両記者は、戦前南京支局に勤務した経験もあり、南京の地図にも明るい。この二人は、十二月十五日、占領二日目の南京市内の情況を歩いて取材している。

二人は、中山路を北に、新街巷に出て、さらに中山北路の方に向い、その辺一帯を視察し、故宮飛行場やそれに隣する励志社や中央病院を視察する。富貴山砲台下の軍官学校も視る。「我軍が南京攻略に際して武士道的見地から城内各種建物は砲撃せず成るべく保存するという建前が守られ」、病院も軍官学校も殆ど無疵《むきず》である。二人はさらに中山路を秦《しん》淮河《わいが》にかかる逸仙橋《いつせんきょう》を渡る。「右手に伸びる南京の繁華街花牌楼《かはいろう》一帯は其の面影もなく、各商店共密閉され森閑として〝死の街〟となっている」

こうして見物して歩くのであるが、中国人の死体のことや暴虐の痕跡などどこにも書いていない。散兵壕もない。二人は鼓楼近くの外交部へ行ってみると、外交部の看板ははずされ「万国赤十字病院本部」という看板にかわっている。曾歩光《そほこう》という中国人が中心となって、およそ一〇〇〇人の患者が収容されていたが、「その大部分は抗日戦に負傷した支那兵」であるという。日本の占領軍はこの病院や中央病院に病臥している支那軍傷病兵に、給水したり、医薬品や食糧の補給をしているのである。二人が元の支局のあった大方巷《たいほうこう》に行くと、安全区の中から以前支局で使っていた中国人ボーイが飛び出してきて、抱きあって喜んだ――といった記事が長々と十六日の「朝日新聞」をかざっている。

この橋本、山本両記者のレポートは、軍に媚びて筆を曲げたものでも、時勢におもねったものでもない、おそらく正直に見たままを描写したものと受取ってよかろう。くどいようであるが、東京裁判で展開したベーツ教授やマギー牧師や許伝音証人の証言のような、「到る処に民間人の屍体がコロゴロしていた」とか、「大通りの両側に五百の屍体」があったとか、「到る処で強姦や略奪が行われ、略奪したあとは放火した」とか「三、四十名が一団となって横行し、女・子供を殺戮して回った」とか……また伍長徳が口供書で云うように「十五日、日本兵は難民区の収容所にやってきて、すべての者を西大門に進行させた。日本兵は百人以上を一団とし、十六団を順次門外に押し出して射殺した」「漢西門外では毎日何百、多いときは幾千の人々が城内から連れ出されて射殺された」……等々といった供述がいかに虚偽の証言であるかが理解できよう。朝日新聞社も同盟通信社も、実はこの難民区の中に支局があって、数名、時には十数名がここに寝起きして取材にあたっていたのである。このような足許で起った事件を、記者たちが見のがすはずがない。

お人好しの日本人には想像できない中国側宣伝謀略の勝利

松井大将は、出征の時、斎藤良衛博士を顧問に聘《へい》し、ことごとに戦時国際法について諮問している。例えば、物資調達に際しては、必ず代価を支払うよう命じ、所有者不在の場合は貼紙をして、部隊名を明記し、後刻精算するよう処置せよと命じていた。

上海派遣軍参謀・榊原主計大佐の東京裁判での証言

「徴発は主として大隊の主計官が実施に当り其の所持する金櫃《かなひつ》から支払いを実行するもので、それ以下の部隊又は各個人の勝手に為すことは出来ませぬ。徴発した時は対価を払うことは当然であります。

徴発に当って、住民も行政上の責任者も不在の場合、結局不在所有者の承諾のない状態の儘之を徴発しなければならなかったことが屢《しばしば》ありましたが、その様な場合は如何なる物を如何程徴発したかを明記し、所有者に判明するよう貼紙をして、司令部に代金を取りに来る様記しておくのを例としました。私が現実にその様な措置を講じてあった事実を目撃したのは、無錫《むしゃく》における米の倉庫においてでありました。

私自身、占領地の所有者もしくは行政上の責任者に交渉し、その承諾を得て代金支払いの上円満に授受した例は幾つもあります。特に印象に残っている例を申し上げますと、白茆江《ぼうこう》上陸作戦の際、小部落の行政上の責任者たる村長が残留していて交渉の当事者となったので、その者と交渉して糧秣の補給を受けました。是に対して正当に代金の支払いを為し、又住民を保護する様に取計ったので、右の村長は日本軍の秩序ある行動に感謝し、我々を歓待してくれた事実があります。常熟でも同様の例がありました。

その他各地で制札を立て、住民の保護、略奪の禁止等を指令しました。これはすべて松井大将の意図を奉じて行ったものであり、難民区から徴発したというようなことは絶対にありません」と述べている。

このように松井大将の訓戒は、細心を極めたのである。

しかるに東京裁判は、中国兵による清野作戦及び敗残兵による無惨な略奪・暴行・強姦・殺人等のすべてを日本将兵の犯行であると極めつけ、断罪したのである。戦闘に勝って、宣伝戦に敗れた好適の例である。

中国は『三国志』の遠い昔の時代から宣伝謀略が得意である。戦闘で敗れても宣伝戦で勝利した例はいくらでもある。孫子の兵法の中にもこのことは記されている。宣伝の巧妙さは、戦争に限らず平常の暮らしにおいても、日本人などの比ではない。中国は文字の国、言葉の国で、修飾も粉飾も誇張も天性秀れた民族といってよい。とにかく排日侮日の宣伝は徹底しており、米・英・ソ・仏・独等中国を取りまく国際環境は、中国を支援し、中国に同情的である。南京に残留した「安全区国際委員会」のメンバーが反日援蔣論者の集りであった。

「憎まれ者に対する悪口には、もとは嘘言でも真実の如く伝えられる」という言葉がある。また中国には「衆口《しゅうこう》金《きん》を鑠《とか》す」という諺《ことわざ》がある。日本軍に対する真偽とりまぜての悪宣伝はいちはやく内外に針小棒大に流布されていたことは容易に想像できよう。エドガー・スノーの『アジアの戦争』などもその好例である。

巣鴨プリズンの絞首台で七戦犯が処刑されるとき、シーボルト英代表とともに立会った中国代表商震《しょうしん》大将は、天野弁護士の陳情に答えてこう云ったという。

「罪の事実は必ずしも問題ではない。一般市民に名前の知られた将軍等を処刑することによって、仇を討ってやったぞ！　ということを国民に知らさざるを得ない国情も理解して

でもいえようか。ほしい」。いわゆる「南京大虐殺」の誇大宣伝と、断罪の裏にひそむ中国流真情の一面と

日本軍の軍紀は厳正を極めた

独立軽装甲車第二中隊・小隊長畝本正巳氏の証言

「松井軍司令官は南京攻略戦にあたって、塚田参謀長外六名の参謀が、国際法の顧問斎藤良衛博士の意見を徴しつつ、「南京城攻略要領」（一四七頁参照）を作成してこれを全軍に示達した。この示達と『入城に関する注意事項』は、私たち最前線の小隊まで伝達されたが、有史以来はじめて敵首都に入城するのであるから、正々堂々将来の模範たるべき心構えで、厳しく行動を規制され、外国権益・安全区・中国の文化遺跡などは地図に〈朱書〉されて誤りなきを期したのである。

従って当時の将兵はこの示達を守り、軍紀粛正に秩序ある行動をとったのである。当時〈下剋上〉の風潮で、司令官の云うことなど聞かず、下部の将兵が勝手なことをしたのではないかと『虐殺論者』はいうが、そのようなことは絶対にない。若しそうだとするなら、あのような見事な、完璧にちかい南京包囲作戦などできるはずがない。

私の中隊は赤紙召集者を主体とする独立中隊であったが、よく軍紀を守り、困苦に耐え、戦友相助けて戦火に身を投じて戦った。また、参戦者の証言をみても、大虐殺説には痛憤しているが、軍紀頽廃《たいはい》、無規律、無統制で困ったと云う者は一人もいない。

参戦した6D（D＝師団）は、九州を郷土とする精強な部隊であり、9Dは北陸の宗教心あつい、石川・富山・福井県の朴直な郷里の師団である。16Dは京都・奈良・三重県という古都・神社を郷土とする立派な師団であった。しかも当時は事変勃発直後の現役師団であり、広大な戦面の作戦を見事に遂行したのである。

一部将兵に過剰な行為があったかも知れないが、軍全体は健全で、軍紀厳正な精鋭軍であった」と述べている。

この畝本氏の記述を裏付けるようないくつかの証言がある。

脇坂部隊長は、東京裁判・宣誓口供書で次のように証言している。

「私の部隊が南京へ入った直後、ある主計中尉が公用外出の途中、支那婦人靴が片足遺棄してあるのを発見し、その美麗な刺繍を友人に見せる積りで隊へ持ち帰ったところ、之を憲兵が探知して略奪罪の嫌疑で軍法会議に書類を送付しました。その中尉は私の面前で涙を流して自分の無罪を主張し、私もその事実を認め上司に伝えました。結果は無罪却下となったと記憶しています。ともかく当時南京における日本憲兵の取り締まりは厳重をきわめ、如何に微細な犯罪も容赦しませんでした。

私は、十二月十五日、南京城内巡視の際難民区（安全区）の実情を視察したいと考えましたが、憲兵が厳重に警備して居って部隊長と雖も特に許可がなければ立ち入りは禁ぜられてあると云って拒絶され、遂に内部を視察することを得ませんでした。その時もその後も私は難民区内で日本軍の不法行為があったことを聞きませんでした」と述べている。

中国の婦人靴は刺繍も美しく、形もいい、その片方を持っていたということで書類送検までされているのである。部隊長でさえも許可書のないかぎり、難民区に入るを許されなかったのである。難民区はその出入口に歩哨が立ち、憲兵がつねに巡視していた。

京都の中川清氏は著者にわざわざ電話を下さり、「それはきびしいものでしたよ、上官に欠礼しただけでもビンタをとられるほどで、強姦など見付かれば銃殺だ！　といわれていました。今の若い人たちには想像もつかないきびしい軍律でした」と言う。

この中川さんや脇坂部隊長の証言からも、日本の兵隊がトラック三台をつらねて、金陵大学の女生徒を廊下に並べて強姦ゲームをしたとか、難民区内に押し入って寝具や食糧を略奪したなどという証言がいかに大ウソであるか理解できよう。

昭和十二年、南京政略戦ころ日本が保有する師団は、近衛師団以下全部で二十八個師団であった。いずれも選ばれた甲種合格の壮丁をもって編成し、軍律きびしく二年間錬えあげられた精鋭であった。その後支那事変が拡大し、戦線がひろがるに従って、師団数は増え、従って兵の素質も、次第に芳ばしくなくなった。

昭和十四年には、全国で十一個師団の大増設があった。さらに大東亜戦争に突入した昭和十六年の段階では第七十師団、十八年に第六十四師団が編成されている。昭和二十年に入っては、第百二十五師団、第百四十五師団、第百五十四師団、第百六十師団、第二百五師団、第二百二十四師団、第二百三十一師団と、一挙に七つの師団が編成されているが、これは粗製乱造も極まるもので、師団とは名ばかりのものであった。武器弾薬も不足、師団長以下隊長や参謀もそう立派な人材が間に合うはずはなく、兵隊も周辺の都市や農村から、若者どころか中年の男という男まで根こそぎ徴兵したものだった。終戦時には百九十四個師団もあったのだから如何に粗製乱造ぶりであったかがわかる。

しかるに、南京戦に出征した将兵は、バリバリの現役兵で、畝本氏もいうように文字通り日本の精鋭であったのである。その軍律のきびしさは、入隊した者でなくては到底理解することのできないほどのものであった。二年間の軍隊生活を終えて帰郷した青年は、村の模範とされ、〝人間が変った〟と評されたものである。南京事件を考察する場合、このことをまず念頭におく必要があろう。軍隊生活も、戦場心理も解さないものが、勝手に揣《し》摩《ま》憶《おく》測《そく》して、敵の宣伝戦の片棒をかつぐ愚は慎むべきであろう。

第十軍の小川関次郎法務部長の東京裁判・宣誓口述書の証言

「松井軍司令官は、軍紀風紀の厳守はもちろんだが、支那良民の保護と外国権益の擁護のため厳格に法を適用せよ、『犯罪の処断は的確厳正なるべし』と語を強めて命ぜられ、自分は以後この旨を体して自分の任務を厳行した……。

自分は南京へ着く迄の間に約二十件位の軍紀犯及び風紀犯を処罰した。風紀犯の処罰について困難を感じたのは和姦なりや強姦なりや不分明なことであった……。憲兵も松井軍司令官の命令を厳守し、取締警戒を厳にしていた。上砂《かみすな》憲兵中佐の如きは、自分が審理のうえ、微罪不起訴を言渡した事件に対し、手緩るいと抗議を申出たほどで、日本兵の不法行為は厳に取り締まられていた。

南京においては、第十軍の将兵で軍紀犯、風紀犯で逮捕され、軍法会議にかけられ、それぞれ処罰されたものは、将校をふくめて一〇〇余名に達した」と述べている。

決して憲兵隊の取り締まりも、法務部の処刑も、いい加減なものではなかったのである。

ただ、南京事件の調査にあたって、私がもっとも残念に思うことは、肝心の上海派遣軍に対する取り締まりや処刑のデータ、あるいは捕虜の取扱いや難民区からの便衣隊の摘出などについての記録が皆無に近いことである。推測ではあるが、朝香宮殿下が上海派遣軍司令官に親補されていた関係上、累が宮殿下に及ぶことをおそれた部下将校がそれらの資料を焼却したのではないかと思われる。却ってそのことが、疑惑を生む結果となり、何万何十万といった一方的な数字がひとり歩きし、憶測が憶測を生む結果を招来したのではなかろうかと思う。

平和が蘇り中国人による南京自治委員会も結成された

南京に自治委員会の準備委員会が成立したのは十二月二十三日のことである。委員長には江寧人の陶錫山《とうしゃくざん》が選ばれた。「読売新聞」は二十四日朝刊一面に五段ヌキでこのことを大きく報道し、大要次のような解説を行っている。

最初、難民救済国際委員会がドイツ人ラーベ指導の下に英米人によって組織され、約二〇万の難民を収容していたが、日本側は、国際委員会の公正な管理能力を認められず、これを公認するに至らなかった。しかし治安の回復とともに、支那側に自主的な自治委員会結成のうごきが出てきた。それというのも入城以来の皇軍の厳正なる行動を眼のあたりにしたため、残留市民の中の有力者を推し、自力をもって自治体制を布き、直接日本軍と交渉して今後の復興にいろいろな便宜をはかりたいという意欲が高まってきた結果である。「読売」のこの解説は表向きで、裏面では佐々木警備司令官のテコ入れがあったことは容易に想像できよう。しかし、それから約一週間後の一月三日の南京自治委員会の結成大会には、五色旗を持った残留市民三千数百人が、会場の鼓楼を取りまいたのである。弁当や日当を出して駆り集めたというのでなく、自然に下からの盛りあがりで、日本側も驚くほどの盛会ぶりであった。

私のいいたいのは、東京裁判の検事側証人のいうごとく、女子供を見さかいなく捕えて殺したり、連日何百人もの敗残兵が引きたてられて機銃掃射を受けたり、夜昼なく強姦が行われ、強姦のあと殺害されたり、連日放火が続き、一区画ごとに焼き払われたり、最初の一週間に六万五〇〇〇の非戦闘員が殺されたり、中国人は見付けられ次第物を奪われたり……そのような鬼畜にも劣る暴虐が行われておったとしたならは、どうして三〇〇〇人もの民衆が自治委員会の成立を喜んで、爆竹をならし、万歳を唱え、旗行列に参加するであろうか。だいいち、そうした地獄絵さながらの街に自治委員会などできようはずもなく、人口も減るとも増えようはずがない。

南京近郊の下関《シャーカン》の北方・揚子江下流に宝塔橋街という街がある。下関から僅か二キロほど離れた所で、中興碼頭《まとう》（はとば）がある。砲艦「比良」は上海を遡航して、南京攻略戦に江上から参加し、この碼頭桟橋に停泊した。この街は支那軍の元軍需倉庫のあったところで、引込線もあり、兵器、糧秣、被服など軍需品が集積されていた。地下壕もあった。そのため敗残兵が多くこの附近に出没し、不逞分子も加わって、略奪の町となり、兵器、弾薬も散乱し、危険極まりない状態にあった。「比良」の艦長土井《どい》申二《しんじ》海軍中佐は、この状況を視察して、下関の海軍司令部詰めを自ら買って出て、この街の治安に任ずることになった。十二月二十六日のことである。

この街にも難民区があった。老幼男女約六～七〇〇〇人の難民が、郊外の保国寺《ほこくじ》を中心に収容されていた。指導者は紅卍字会難民収容所主任で陳漢森《ちんかんしん》といった。土井中佐は陳主任と協議し、働き得るものを選抜して、遺棄死体の埋葬、兵器弾薬の処理、被服糧食の蒐《しゅう》集、橋梁の修復などにあたった。市街は清掃され、焼けたり壊されたりした家も修理改築がすすみ、街は蘇ったようにきれいになった。そこで土井中佐は幹部と相談してこの街の名を「平和街」と改名した。

土井中佐は回想記『花と詩』（私家版）の中でこう述べている。

「指導よろしきを得れば多人数の努力の成果というものは実に驚くばかりで、次第に治安は回復していったので、保国寺にあった難民中、生業に復帰できるものは極力分散せしめて自家で働けるようにした。かくて平和街は面目を一新して南京復興の魁《さきがけ》となったのである」

私がこの任務遂行中に一番心痛したのは食糧の確保であった。保国寺に収容されていた当初、難民は水の如き粥をすすり、辛うじて余命をつなぐ状態で、それにも事欠いていた。私は極力食糧の蒐集に当たった。最も哀れなのは子供と幼児であった。……

十二月二十八日、第一号掃海艇が烏龍山の閉塞線で触雷沈没し、「比良」はこの救援を命ぜられた。救援を終えた土井中佐は、上海艦隊司令部に出頭して、平和街難民の窮状を訴え、人道上到底これを見過すことはできないといって縷々《るる》陳述した。司令部もこれに応え予想をこえた多量の食糧や救恤品《きゅうじゅつ》品を入手することができた。中佐はこれらを「比良」に積んで持ち帰った。土井中佐はいう。

「中興碼頭に到着したのは昭和十三年一月元旦の正午近くであった。直ちに上海から運んだすべての食糧・救恤品を陸揚し、陳漢森氏を経て難民に贈った。難民の歓喜察するに余りある。翌二日にはこれに対する礼状と領収書が艦に届いた」

礼状は鄭重をきわめ、最大限の感動・感謝の辞を綴ったもので、その行間に民衆の歓喜の声が聞えるようである。領収書を見ると、▽貯蔵肉十箱、▽砂糖十包、▽干魚十箱、▽大豆白紋白油十箱、▽食塩十包、▽乾燥餅二十箱、……とある。

土井中佐はこう回想している。

「一月二日私は久し振りに平和街を訪れた。保国寺の難民は既に分散し、残留するものは僅かに遠隔地のものばかり、市街は綺麗に清掃され、各々居につき、生産に励み、各戸に日の丸を掲げて歓迎してくれた」

街の入口に私が到達したとき爆竹を打ち上げ〈南京下関平和街〉と大書された看板の下に代表等が盛装して整列し、三拝九拝の礼を私は初めて目撃した。

このような佳話が南京から僅か三、四キロの戦禍の街にあったのである。これは何も特殊な例ではない。むしろこれが、当時の平均的日本軍人の心情といっても過言ではない。

〔参考文献〕

「東京裁判速記録」（第三〇九号（昭和22・11・6）、第三八〇号（昭和23・2・25））
朝日新聞社編『東京裁判』〈判決文〉一〇二～三頁
板倉由明著『「南京大虐殺」の真相』一二一～三頁
『歩兵第三十六聯隊史』
「月曜評論」第六八一号（昭和59・2・13）
日下公人著『今村均氏の軍人生活』一六九頁
土井申二者『花と詩』四九～五〇頁・五二頁

第六章　戦争と政治宣伝

政治宣伝に翻弄される日本

国である以上、自国を優位に導く政治宣伝（プロパガンダ）は当然どこの国でも行っている。まして戦争になれば、国の存亡と国民の生死に関わるだけに必死で行うのが当たり前である。

ごく身近でいえば、イラク——アメリカの戦争において特にテレビでの報道の内容は、まさに政治宣伝といえるものが多い。反戦、反米デモもまた、全てとはいわなくても政治宣伝に利用されている。

しかし、そういう政治宣伝も戦争が終われば当然終わりを告げていいはずである。ところが日本にとってそうはならない国が存在する。

いわゆる「歴史認識」を持ち出し、徹底して日本を悪者として攻撃し続けている中国、韓国である。しかも戦後六十年も経とうとしているのに、むしろ激しさを増しているといってよい。

その代表的問題が「南京大虐殺」である。中国にとって南京大虐殺は、今もなお効果のある政治宣伝となっている。その意味で「南京大虐殺」は、戦争と政治宣伝を考察する上で、またとないテキストとなる。

では、なぜそのようになっているのか。また政治宣伝とはいかなるものか、歴史的事実も踏まえて検証してみることにする。

まず南京問題で言えば、歴史的にみる中国人の行動様式を知らなければならない。中国人は善悪より損得に重点を置いている。しかも共産党中国政府の行動原理は、実利を最優先する儒教精神と、「目的は、手段を正当化する」、すなわち「国益の為には、嘘でも利用する」ことを原則とする共産主義思想が合体している。

それ故「南京大虐殺」を叫ぶことが、中国側にとって利益があると認識し続けている限り、今後とも大いに利用するであろう。ということは逆に、不利益になると思えば問題にすることはなくなることになる。

このように南京問題は攻略戦から六十五年、日本と中国は平和友好条約が締結され、戦争によって惹起《じゃっき》された諸問題は過去として終結するはずなのに、中国が繰り返し政治問題として持ち出してくるのは、一方では法治国家として成熟していない中国の甘えと非常識、他方では我が国政治家の無知と反日メディアの謀略に起因する。

そこで北朝鮮の拉致問題等で明らかになったように、反日宣伝をしている日本人の実態や中国のいう歴史認識のおかしさを、歴史問題としても明らかにすることが重要である。

二十世紀　東アジアの情報戦

「南京大虐殺」問題は、二十世紀に東アジアで起きた日露戦争、支那事変、大東亜戦争へいたる情報戦の流れの中でとらえなければ本質は掴めない。なぜなら、情報戦の果たす役割を日本人はあまりにも知らなすぎるからである。

近代において情報戦の重要性を世界に認知させたのは、「日露戦争」である。有色人種対白色人種の戦いで、初めて有色人種が勝利した戦争である。それに我が国の宣伝工作が大きく寄与している。

「皇国の興廃この一戦にあり」との気概で戦った日露戦争の前夜、国民は、一丸となって戦費調達の国債四億五千万円を引き受けた。外債は、高橋是清が奔走して欧米ユダヤ資本から十三億円もの巨額を戦費として調達した。

米国の世論を動かすために、ルーズベルト大統領とハーヴァード大学の同窓であった金子堅太郎男爵（当時）を、また英国には、ケンブリッヂ大学を卒業して各界に精通していた末松謙澄男爵（当時）を派遣して、親日世論の醸成につとめた。

当時の米英の指導者には、ロシアに親戚をもつものも多く、まして有色人種の日本人に対する同情心など期待できない状況でもあった。

にもかかわらず日本が勝利したということは、当時、軍事大国であった米英が協力してくれたからである。

また、そのロビー活動に使用した外交機密費は、現在の外交予算の枠から想像できない資金を与えられていた。撹乱工作としては、英国駐在武官が、貨物船に武器を満載してフィンランドの抗ロシア・ゲリラに提供したり、ロシアの革命家レーニンに対する資金を援助したことなどがある。日露戦争は、これら明石元二郎大佐などの活躍を総合した勝利なのである。

現在、朝鮮半島は日露戦争の当時と同じような政治状況にあるにもかかわらず、我が日本の危機意識は見るかげもないとはどういうことであろうか。

日露戦争を分岐点とする情報戦

このように日露戦争の勝利は、米英に対する宣伝工作と欧米ユダヤ資本からの莫大な戦費の提供、さらに、米国の講和調停なくして勝利はあり得なかった。しかしその欧米への対応とは逆に、国民への情報公開の不作為はその後における日本の不幸の原因となった。我が国政府は、継戦は敗戦につながることを承知していた。しかし日露戦争の勝利で沸き上がるなか、甚大な戦死者を前にメディアも政治家も、勝利にいたる米国の絶大な貢献を冷静に国民に説明できる状況ではなかった。

このあたりから親日国家であった米国が、反日的政策へと転換する。そのきっかけとして考えられるのは、日露戦争終結後、米国鉄道王E・H・ハリマンと締結した南満州鉄道の共同管理に関する予備協定を破棄したことであろう。

国際政治において、米国が正義と善意だけで日本を支援した訳はなく、現実的利益を前提としていたのは当然のことである。

外債を引き受けてくれたのは、米国クーン・ロエブ商会のヤコブ・シフを中心としたユダヤ資本シンジケートであり、ハリマンも関係していたことは当然である。

当時、米国が唱えていた門戸開放主義は、遅れてアジアに進出してきた米国の利権の確保のためであった。南満州鉄道の日米共同管理が実現していれば、極東における歴史は、まったく違う流れになっていたことは言うまでもない。

それに関していえば、大東亜戦争開戦時におけるハル米国国務長官夫人は、日露戦争で外債を引き受けてくれた米国ユダヤ資本の有力者の親戚であった。ハル・ノートに見る制裁的文言は、これと無関係とは到底思われない。

日米開戦前夜、最後通牒になったハル・ノートは、日本が合法的に取得した遼東半島租借権及び満鉄なども否認して撤廃を要求しているのである。

戦後、ハル・ノート（合衆国及び日本国間協定の基礎概略）は、アメリカ政府の提案ではなく最終的通告として受け取る必要はなく交渉の余地が残っていたとか、米国はハル・ノート手交の翌日、前哨基地指揮官にディフェンス・コントロール・1（開戦状態）の指令を発信したことで、日米開戦は昭和十六年十一月二十七日であるなどの論争が絶えないが、国際政治の大きな流れから見るといずれも狭小的議論にすぎない。

これらの論争に欠けていることは、米国家戦略からの見地である。大東亜戦争の四年間は、「オレンジ（日本）計画」と呼ばれる米国家戦略に沿った形で進んでいる。

米国の対日長期戦略は、日清戦争に勝利した直後に始まり、日露戦争後にセオドア・ルーズベルト大統領政権の下で、本格的な計画を練っていた。すなわち、我が国の敗戦までの米国の戦略は、「オレンジ計画」と一致していている。

　このように日本の敗戦の大きな原因の一つは、国家戦略を持っていた国と持たない国の結果でもあった。にもかかわらず現在の日本は、なんら歴史から学んでいない。そこが国家としての問題である。

孫文から見た日露戦争

　南京大虐殺を政治宣伝として利用する中国の情報戦を検証するには、西欧列強と日本及び中国による極東における権益の争奪戦の流れの中でとらえる必要がある。

　現在、中国に対する我が国からの円借款は、毎年数千億円単位で支給されている。それが本格化した一九八〇年代、中国は我が国の自虐的報道と世論の動向をはかりながら、南京屠殺記念館、蘆溝橋戦争記念館と歴史捏造の度合を強めている。なぜならそれが「金のなる木」になると分かったからである。

　なのに日本政府は、それは歴史の事実とは違うと抗議しないばかりか、中国の主張をそのまま受け入れている。

蘆溝橋戦争記念館では、日清戦争以降、日露戦争も侵略として展示されている。その最後のところに訪中した村山首相が、記念館を訪れて署名している姿が大写真パネルとして掲げられ、日本国政府が国民を代表して、中国の歴史観に同意したことを強く印象づけている。村山首相の行為は、売国奴と言ってもさしつかえはない。

しかし、それほどまでに日本は中国に対し弱い立場にあるのだろうか。断じて違う。それはただ、歴史に対する無知の結果である。

ここで中国革命の父と現中国共産党政府も敬意を表している孫文は、一九二四年、広州での講演「三民主義」で、日露戦争について次のように述べている。

「日露戦争のとき各国の人はみな、ロシアが中国の領土を侵略することを恐れました。……中国がロシアに侵略占領されてのち、こんどは世界各国を侵略しはじめ、各国はロシアに侵略されるであろうからであります。ロシア人はもともと、世界を併呑しようとする意気がある。それで世界各国は、なんとかして抵抗しようとした。日英同盟はすなわち、このことに抵抗するための政策であります。日露戦争ののち日本は、ロシアを朝鮮、南満州から追いだしてしまい、かくてロシアの世界侵略政策をくつがえし、東亜の領域を保全し、世界に大きな変化を生みだしたのであります。」

そして、その結果として「こんにち、アジアに強盛な日本があるので、世界の白色人種は、たんに日本人を軽視しようとしないのみならず、アジア人をも軽視しようとはしないのであります。……たんに大和民族が一等民族という光栄を享受できるのみではなく、その他のアジア人もまた国際的地位を高めうることになったのです。」（世界の名著64『孫文、毛沢東』第一部「民族主義」中央公論社）

何と日本人として誇りの持てる言葉であろうか。少なくとも日本の指導者は、国益をもってこの種の言葉を堂々と主張すべきである。

中国政府は、村山首相以後も歴代の首相に蘆溝橋戦争記念館を訪問することを執拗に求めている。しかしそれは、中国の謀略として断固拒否しなければならない。

南京大虐殺と当時の政治宣伝

ではここで、南京攻略戦における情報戦について検証することにする。

一九三七（昭和十二）年七月七日、蘆溝橋事件が勃発した。日本は忍従しながら和平工作を進めたが、米国が国民党政府に数千万ドルの援助とともに、日本との継戦を求めていたこともあり、その後、通州事件（日本人居留民が、中国人に二百十数名虐殺された）、上海事件（大山中尉惨殺事件）が起き南京攻略戦へと進む。

上海での日中の攻防戦により、日本軍は多くの戦死者を出していきりたって南京へ進攻するのであるが、その攻撃は最終地点ではなく追撃戦であった。途中、南京と同じ城壁都市である無錫なども制圧している。

もし南京に大虐殺があったというなら、無錫でも同じようなことがあったと考えても不思議ではない。しかし南京だけが、日本の暴虐行為があったと大々的に宣伝された。

それは首都である南京の方が、その宣伝の対象とした欧米人にニュース価値が高いと計算してのことであろう。

さらに「南京大虐殺」のニュースは、米国を中心として二流、三流の英字新聞と中国語メディアの一部で報道されていたのに、国民党中国政府は、正式に国際連盟に提訴できなかった。その理由は、提訴することによって正式に調査団が組織され、真相が明らかになることを恐れたからと考える。そうなれば中国は、その時点で情報戦としての「南京大虐殺」の価値は消滅し、国際的にも信用を失墜することになるからである。

それと似たようなことが現在にもある。「南京大虐殺」は国際的に報道されているにもかかわらず、世界の歴史学者による国際的シンポジウムは一度も開催されたことがない。こうした現状をみると「南京大虐殺」問題は、歴史学の対象ではなく政治学の分野に属する内容としてみるのが本質である。

そうした例は他にもある。南京大虐殺の証明と宣伝されていた南京戦に従軍した元日本兵による著書が、我が国の最高裁で捏造と判定されても話題にならず、歴史研究家としては素人である中国系米国人女性ジャーナリストの著書が、明らかに捏造写真とわかる写真を使用してるのに話題になっている。

それは「南京大虐殺」が、中国にとって現在もなお日本に対する政治宣伝として有効であり、価値あるものと見なしている証左である。

さて南京攻略戦当時、中立国の立場にあったはずの米国ではあるが、実際の政治スタンスは、すでに反日、親中国であった。その遠因として、日露戦争後の我が国政府の無作為が明らかに影響していると考えてよい。

そんななかで、日本軍による誤爆事件（パネー号事件）が起きた。日本政府は速やかに対処したが、米国政府にとって反日のよき材料となり得た。

しかし、当時の米国の状況は一部カルフォルニア州における排日移民法などによる反日機運が巻き起こっていたにせよ、一般国民全体としては、反日感情が完全に浸透していた訳ではなかった。

そのような米国世論を、一気に反日へと決定づけた一枚の政治宣伝写真がある。それは、一九三七年〝ＬＩＦＥ〟に掲載された「ひとりぼっちで泣き叫ぶ赤ん坊」の写真である。

昭和十二年、日本軍の爆撃を受けた瓦礫のなか、ひとりぼっちで泣き叫ぶ赤ん坊の写真が『LIFE』に掲載された（左）。だが、別のカットでは子どもをそこに連れてきたらしい大人が横にいる（『20世紀の歴史15第２次世界大戦（上）戦火の舞台』J・キャンベル編、平凡社）

この写真は米国の宣伝映画「バトル・オブ・チャイナ」の一シーンであって、実際に南京大虐殺を示すものではない。しかしこれによって、政治宣伝「南京大虐殺」は、米国世論をよりいっそう親中国、反日へと導く役割を果たしたと考えられる。

さらに米国政府は、日米開戦前、国民に知らせることもなく、米国正規軍人パイロットをフライング・タイガー社の社員に偽装させて中国に送り込み、日本との戦闘行動に従軍させていた。政治宣伝「南京大虐殺」は、当時、中国一国の利益としての宣伝だけではなく、米国家戦略に基づく国益に合致する格好の事件として作り上げられていた。

GHQ占領下の初期情報戦

このように米国は大きな戦略のもとに動いている。それに引きずり込まれて戦ったのが大東亜戦争であるといってよい。そして日本は敗れ、情報戦の手に乗せられた。

日本は国際法上、条件付終戦もしくは有条件降伏である。にもかかわらずマッカーサーは、国際条約を無視する行動に出た。

『ポツダム宣言』の第十項（日本国の権利〈連合国の義務〉）「言論・宗教及ビ思想ノ自由並ニ基本的人権ノ尊重ハ確立セラルベシ」が、その後の占領政策（情報戦）の障害になるため、どうしてもこの項目の無力化が必須の事柄であった。

そこで『ポツダム宣言』受託の調印式を『降伏文書』調印式とし、その上〝無条件〟との冠を付けて宣伝を始めた。

すなわち、東京裁判を含め日本が主権を回復する昭和二十七年四月二十八日まで、武器を使用しない戦争、すなわち米国による情報戦が継続している戦争状態にあったと解釈することができる。

その情報戦が始まったのは、マッカーサーが厚木飛行場に到着した昭和二十年八月三十日の二日後であり米戦艦ミズリー号での調印式の前日であるところの九月一日と考えられる。その日、GHQから同盟通信に対して、連合国側の不利益になるニュースの配信を禁ずる指令が出されていたのである。(『共同通信三十年史』)

米国による占領下の情報戦の準備は、米国戦時情報局極東部によって進められていた。戦時中も数学者には暗号の解読をさせたり、自然科学者など様々動員していた。

占領下の日本人改造計画に重要な役割をもった研究がある。それは昭和十九年六月からスタートした人類学者ルース・ベネディクトの『菊と刀』である。

その内容は『菊と刀』のタイトルが示す通り、まず何よりも先に日本の指導者階層を権力機構から排除することであり、その結果として米国の利益になる国に造り変えることが可能であると報告されている。その研究課題として次の文章がある。

「わが軍は日本の山中にあるあらゆる要塞で死にもの狂いになって最後まで抵抗する日本人と戦う覚悟をせねばならないのだろうか。国際平和が可能となる前に、フランス革命やロシア革命程度の革命が、日本に起こる必要があるのだろうか。だれをその革命の指導者にしたらよいのか。それとも、日本国民は絶滅させなければならないのだろうか。我々の判断いかんによって非常な相違が生ずるのであった」

そして本論中、菊、すなわち天皇を比喩して次のように書いている。

「日本国にいる日本人も、新しい時代に際して、昔のように個人の自制の義務を要求しない生活様式を樹立する可能性をもっている。菊は針金の輪を取り除き、あのように徹底した手入れをしなくとも結構美しく咲き誇ることができる」

また、刀（指導者層）については

「刀は攻撃の象徴ではなくして、理想的な、立派な自己の行為の責任を取る人間の比喩となる。……日本精神の一部として、日本人の心に植え付けてきた徳である。今日、日本人は、西欧的な意味において、『刀を棄てる』（降伏する）ことを申し出た。ところが日本的な意味において、日本人は、依然として、ややもすれば、さびを生じがちな心の中の刀を、さびさせないようにすることに意を用いるという点に強みをもっている」

と指導者の排除を示唆していた。

事実、占領下において、昭和二十年十月四日「民権自由に関する覚書」（特高パージ）によって、十月十三日付で合計六二〇二人が公職から追放され、同十月三十日「教職パージに関する覚書」、昭和二十一年一月四日「公職追放指令」が発令、同三月十日には「軍国主義指導者の追放」が指令された。

その中の付属書A号で、その種の人物をA項からG項まで七項目に分類したが、G項には文化人をも含むと規定されていた。公職追放者二十一万人の内訳は、G項で追放された十九万人以上が最大で、なおかつ彼らの三親等まで追放の対象になったこともあり、ある日突然百万人以上の我が国の指導者が排除されたのである。（増田弘著『公職追放論』岩波書店）

ちなみにG項は、日本だけに適用されており、ドイツでは適用されなかった。戦後の日本人が変質した最大の原因は、G項による公職追放、つまり指導者層の総入れ替えによるものである。我が国の歴史において、極めて異常な事態が実現してしまった。これは有史以来初めての大事件である。

政治宣伝としてのマニラ軍事法廷

情報戦としての東京裁判（南京攻略戦の審議）を見る上で念頭におかなくてはならないのは、米軍が単独で開廷していたマニラ軍事法廷である。

マッカーサーは、昭和二十年九月二日ミズリー号での調印式に彼の代理として、フィリピンで本間雅晴中将の捕虜となっていたウェーンライト将軍及びシンガポールで山下奉文大将に「Ｙｅｓか！　Ｎｏか！」と詰め寄られて捕虜となっていたパーシバル将軍等を列席させていた。

調印式が終了すると、すぐに、ウェーンライトとパーシバルの両将軍は、比島方面軍司令官だった山下奉文大将との降伏調印式に出席するため、特別機でマニラへ出発した。

同九月十六日、日本の新聞各紙には、太平洋米軍総司令部発表として、「比島日本兵の暴状」の政治宣伝が掲載されている。

当時新聞各紙にニュースを配信していた同盟通信は、同九月十四日、ＧＨＱから、指令違反でニュース配信停止命令を受け、翌十五日に配信再開を許可されている。つまりその後のニュース配信は、完全にＧＨＱの事前検閲下におかれた。その上配信は国内だけに留められ海外向けの配信は禁止された。

その結果として日本に主権が回復されるまでの約七年間、国民は国際社会からの客観的情報を遮断され孤立状態におかれた。そしてそれが現在まで続き、忌ま忌ましきことに、日本及び日本人の変質した実態が、ＧＨＱ占領下の情報戦によりもたらされた悪しき結果であるということが今なお国際社会に認知されていない。

さて昭和二十年九月十七日付の朝日新聞、米軍総司令部発表のニュースに対して鳩山一郎の談話が掲載された。

「……一部では、聯合軍上陸以来若干の暴行事件があり、……暴行事件の報道と日本軍の非行の発表とは、何らかの関係があるのではないか……激烈な戦闘中における異常心理による暴虐と、今次の如き平和的進駐における場合の暴行とは、同日に論ずべきではない」

同十五日にも鳩山の談話がある。

「〝正義は力なり〟を標榜する米国である以上、原子爆弾の使用や無辜の国民殺傷が病院船攻撃や毒ガス使用以上の国際法違反であることを否むことは出来ぬであろう」

これらの発言を問題であるとしたGHQは、日本政府に対して朝日新聞に二日間の発行停止を指令した。

朝日新聞が二日間も発行できなくなったことは、爆撃で被災した時ですらなかった。ちなみに、翌年、G項による公職追放第1号は鳩山一郎である。

それ以後、朝日新聞からGHQを批判する記事は消滅した。

同九月二十五日、山下大将は戦争犯罪人としてマニラ米軍事法廷に起訴された。ところが、この山下裁判は「判決が第一、証拠は二の次」の政治裁判であった。山下裁判の訴訟手続きを見ると、それは東京裁判と全く同類のものである。

マニラ軍事法廷では「軍事委員会は、訴因を証明または否定するに足ると、当委員会が判断する一切の証拠、もしくは理性をもった人間の考えで証拠力があると当委員会がみなす一切の証拠を認めるものである」（ホイットニー『メモランダム』）と述べている。

これは東京裁判において、検察側の証拠であれば、ただの伝聞で証拠として認められないものまでも、証拠として取り上げたことと一致するのである。

山下裁判の六人の弁護人の一人であるフランク・リールは、自著『山下裁判』に、このように記している。

「通訳団の二世達がビールやウイスキーを持って私達の宿舎に慰問してくれる。新聞記者も公平な記事を書いてくれる。山下裁判の宣告後十二人の各国の記者に国際情報サービスの特派員が〈諸君がもし裁判官ならば山下の絞首刑に賛成投票をするかどうか〉と質問すると、十二人ことごとくが『NO』と答えた」

戦争末期のフィリピンでの全責任を、山下奉文大将に負わせたマッカーサーは、次に自分を初めて敗走させた本間雅晴中将に対して、「正義というものをこれほど野蛮に踏みにじった者たちに対して、適当な機会に裁きを求めることは、今後の私の聖なる義務だと私は心得ている」（『回想記』上）と表明していた。

昭和二十年十二月十二日、本間中将は日本からマニラへ移送された。英語は達者であったが本間中将は、外国特派員が質問する「死の行進」の意味することがわからなかった。「バタアン死の行進」とは、米・比軍捕虜を戦闘区域から、安全な場所へ移送中の出来事であり、「バタアン生の行進」が真相である。このような情報戦による政治宣伝にかかると、真相が逆転することなど日常茶飯事と認識する必要がある。

バタアン半島の捕虜が移動中、多数の病死者が出たことの責任は、部下をおいてきぼりにして「絶対降伏するな」と傲岸不遜な命令を下したマッカーサーにある。それが米比両軍の消耗につながった。

本間雅晴中将処刑までの政治宣伝

本間雅晴中将は昭和二十年十二月十二日にマニラへ移送されたが、その同年十二月八日から、新聞すべてにＧＨＱ作成の「太平洋戦争史」が連載を開始していた。「太平洋戦争史」の執筆者は、戦時中はＯＷＩ（戦時情報局）職員で、ＧＨＱ民間情報教育局企画課長Ｂ・スミスである。

彼は戦前、東京帝国大学や立教大学で英語を教え、戦中は、ＯＷＩの太平洋地域の責任者として心理戦争活動に従事した。（竹山昭子著『ラジオの時代』世界思想社）

「太平洋戦争史」と連動して、同年十二月九日からＮＨＫラジオ番組「真相はこうだ」が始まり、「バタアン死の行進」が放送されたのは昭和二十一年一月十三日である。

そこでこのように放送された。以下はその内容の一部である。

声　「バタアン半島で本間将軍の軍門に下った米・比軍の捕虜たちは、バタアンからサンフェルナンドに至る八十五マイルの〝死の行進〟をしいられた。捕虜たちは裸にされ、鞭打たれた」（人体を鞭で打つ音、日本人の残忍な歓声）

声　「食物、水も与えられず、疲れて倒れるものは射殺された」（人の倒れる音、銃声、歓声）

声　「日本軍のトラックにひき殺された」（トラックの轟音、歓声）

声　「銃剣で刺され、土の中で焼き殺された」（土を掘る音、歓声）

アナウンサー　「太郎君！　今述べたのは、〝死の行進〟で日本人が行った残虐行為の、ほんの、ごく一部なんだよ」

太郎　「とても信じられない。そんなことをした日本兵は、もちろん軍紀で厳しく罰せられたんでしょうねえ」

アナウンサー　「ところがそうではない。こうした残虐行為こそが日本の軍紀で、これはしょっちゅう繰り返された事実なのだよ」

（『マッカーサーの日本』（下）新潮文庫）

これら一連の放送が開始されると、国民の反響はすごく、

「……南京大虐殺やバタアン半島の〝死の行進〟の模様が生々しく伝えられると、多数の

投書が殺到したが、そのほとんどが番組を非難するものであった。

……また、事実と相違するものが放送されたこともあって、聴取者の反発を受けた」（『放送五十年史』日本放送協会編集）のが実態であったようだ。

しかし良識のある大人は、こんな放送を馬鹿正直に信じるものはいないが、情報戦の狙いは半世紀先をも見越しての洗脳政策である。なぜなら現今の日本に、その結果を見ることができるからである。

「真相はこうだ」は、日曜日夜八時から三十分の放送として十回放送された。NHK放送文化研究所に保存されている当時の『放送番組確定表』によると、録音再放送が木曜日午前十一時に、学校放送「全学年並びに教師の時間」と指定されていた。

確定表に出ている学校放送は、「五年生の時間」などと学年別に指定されている中で、唯一「真相はこうだ」だけが、「全学年並びに教師の時間」と特定されていた。

明らかに嘘とわかる放送に対して、良識のある大人が批判の投書をいくら出しても、保護者から隔離されたところで聞かされる児童は、徹底的に洗脳教育を実施されていた訳である。

それが根本原因として、日本の伝統・文化などを否定する異質な日本人が形成されてしまったのである。バブル経済を現場責任者クラスで指揮して、責任を取ることもなく今日我が国の指導者層として権力をもっている六十年安保世代が、一番強力に約七年間洗脳され続けた一団である。

マインド・コントロールされた人間は、自分の意志で行動することが苦手であるから付和雷同を行動の規範とする。それ故現在の我が国における様々な方面での閉塞状況は、その一団が総ての原因といえる。しかしやがては、彼らが権力を手放し指導者層から消える時が来る。その時には、我が国が正当な見極めのできる本来の日本民族として再生できることを願わずにはいられない。

文明を冒瀆したマニラ軍事法廷

防衛庁戦史資料室所蔵「軍事極秘」史料によると、コレヒドール要塞・バタアン半島攻略戦の時のオ・ドンネル収容所司令官は、朝鮮民族であったが創始改名をしなかった洪思《こうし》翊《よく》中将である。強制的に創氏改名させられたなどとよく言われるが、いかに出鱈目であるかこれで理解できるであろう。

捕虜収容所最高司令官洪中将は、マッカーサーによって発案された法理「指揮者責任論」に基づいてマニラ軍事法廷において死刑を宣告され、処刑されている。

マニラ軍事法廷の軍法委員（裁判官）の任命は「連合国総司令官または、その委嘱を受けた当局より任命される」ことになっており、軍法委員の資格は「任務に適し、かつ個人的利害関係または、個人的偏見なき者を委員に任命する」との条件であった。

しかし、洪思翊中将の場合と同様に、本間雅晴中将に銃殺刑を宣告したマニラ軍事裁判所の五人の裁判官全員は、マッカーサーの部下としてバタアン半島で降伏し、本間中将の捕虜となっていた軍人達であった。

これは、明らかに軍法委員の資格条件に違反している。まさしく東京裁判の判事も先勝国で構成されたことと一致する。

マニラ軍事法廷も東京裁判も「文明」の名を振りかざしたリンチである。

マニラ軍事法廷の判決に対して、本間中将の弁護団は合衆国最高裁判所に再審を提訴したが、米最高裁は訴願を審理することを拒否した。しかしながら、フランク・マーフィ最高裁判事は次のように述べていることを重視したい。

「犯罪のより明瞭な証拠も、日本部隊の残虐行為も、裁判の進行の不当な迅速さ或いは明瞭に反憲法的規定を含む指令の発布の口実にはならない。今日、戦場で敗北した敵軍の指導者である山下と本間の生命が、法の正当な手続きを無視して奪われる。それに抗議するものはない。しかし、ここにうち立てられた先例は明日他の者にふり向けられるのである。

法の正当な手続きを無視した法律的リンチが、今後引き続いてぞくぞくと発生するかも知れない」（『山下裁判』下）

東京裁判開廷前に良識派の米最高裁判事は、このような警告を発していたのである。

本間雅晴中将は、昭和二十年十二月十二日にマニラに移送され、二ヵ月後の昭和二十一年二月十一日「紀元節」の日に銃殺刑を宣告された。そして、同年四月三日「神武天皇祭」に処刑されている。米最高裁判事も警告したように、移送から死刑宣告まで、わずか二ヵ月で実行された。

国内では、本間中将がマニラに移送された昭和二十年十二月十二日に合わせ、新聞各紙に連載した『太平洋戦争史』で「レイテ・サマールの戦闘」、その翌日は「完敗に終わった比島戦〈マニラ、狂乱の殺戮〉〈日本軍の損害十二万〉」とたて続けに山下大将、本間中将の死刑を予告したような記事を掲載して公正さを強調している。

先に紹介した昭和二十年九月十六日に新聞各紙に掲載された『比島日本兵の暴状』と、昭和二十一年一月十三日放送「バタアン死の行進」などを合わせて、両将軍の死刑は、ラジオ放送と新聞で宣告されていたと解釈できる。

日本人は、正義を偽装した裁判が実行されたとは、夢にも考えないおおらかな優しい民族である。それは長い歴史の中で国民が為政者の裁きに対しては、絶大な信頼を寄せてきた証明でもある。

ところが米国による情報戦によって「悪」を事前に刷り込まれると、それを否定する行動を起こすことのない民族、という計算に基づく洗脳政策であった。

今まで、多くの日本人が、東京裁判を肯定的にしかとらえられない根本原因は、計算ずくで仕組まれた政治宣伝の結果による悲劇なのである。

マッカーサー西南太平洋連合軍司令官の責任

東京裁判の開廷を前にして、マッカーサーが考えだした「指揮者責任論」に基づいて開廷されたマニラ軍事法廷での山下裁判の判決は以下の通り下された。

「戦闘部隊を指揮する任務には、広汎な権限と重い責任がともなう。虐殺、強姦、悪質な復讐的行動が広汎な犯罪となり、そのような犯罪的行動を発見し、取り締まるための指揮官の効果的な努力がないならば、その指揮官は、それらの犯罪の性質及びそれをめぐる状況に応じて、彼の部隊の不法な行為に対して責任を負わせなければならないし、刑罰を免れることとさえできない」

この判決文を、南洋諸島での連合軍将兵による数々の虐殺行為と比較して見よう。

虐殺の実態は、米国陸軍大佐として太平洋戦争にパイロットとして参戦したリンドバーグの日記の中に、多くの日本人を虐殺したという事実が明らかにされている。

以下、チャールズ・リンドバーグ著『リンドバーグ第二次大戦日記〈下〉』（復刻版『孤高の鷹』学研文庫）からの引用である。

一九四四年七月十三日（木曜日）

「わが軍の将兵は日本軍の捕虜や投降者を射殺することしか念頭にない。日本人を動物以下に取り扱い、われわれは文明のために戦っているのだと主張されている。ところが、南太平洋における戦争をこの眼で見れば見るほど、われわれには文明人を主張せねばならぬ理由がいよいよ無くなるように思う」

七月二十一日（金曜日）

「日本軍は圧倒的な強敵に対して、……死守し続けてきたのだ。仮に攻守ところを変えて、……わが方の部隊が……死守したのであれば、……最も栄光ある実例の一つとして記録されたに違いない。将校クラブに座しながら、これらの日本軍を〈黄色いやつばら〉と表現するアメリカ軍将校の言に耳を傾けねばならないのである。彼らの欲求は日本兵を無慈悲に、むごたらしく皆殺しにすることなのだ。オウィ島に来て以来、敵に対する畏敬の言葉も同情の言葉も聞いた覚えは全くない。……われわれには勇敢な行為であっても、彼らがそれを示すと狂信的な行為ということになる。……ブルトーザーで遺体を穴の中に押しやり、……ブルトーザーで片付けたあとは墓標もたてずに、こう言うのである。〈これが黄色いやつばらを始末するたった一つの手さ〉と」

八月十一日（金曜日）

「夜、執筆、そして将校達と共に過ごす。われわれは多くの問題を話題にした……〈たとえば第四二連隊だ。連中は捕虜を取らないことにしている。兵どもはそれを自慢しているのだ〉〈将校達は尋問するために捕虜を欲しがる。ところが、捕虜一名に付きシドニーへ二週間の休暇を与えるというお触れを出さない限り、捕虜が一人も手に入らない。お触れが出た途端に持て余すほどの捕虜が手に入るのだ〉〈しかし、いざ休暇の懸賞を取り消すと、捕虜は一人も入って来なくなる。……〉〈オーストラリア軍の連中はもっとひどい。……捕虜を機上から山中に突き落とし、……」

と述べている。日記の内容は、説明を一切必要としない残虐行為を淡々と記録している。

マニラ軍事法廷が勝者敗者の区別なく実施されたと仮定して、「指揮者責任論」に基づいて南洋諸島での連合軍司令官マッカーサーが、同じ条例で裁かれたとしたら、有罪を宣告され絞首刑になっていたことは間違いない。

フィリピンでの米軍捕虜取り扱い

それでは、日本軍が敵の捕虜や戦没者に対して、どのように対応していたかをみてみる。日露戦争まで溯れば、乃木大将が露軍の戦没者将兵の墓を建立し、そのあと日本軍将兵の墓を建立したことはよく知られている。

南京攻略戦に於いては、東京裁判での脇坂部隊長の陳述によると「戦場掃除で部下将兵を荼毘《だび》に付したのち、中国兵の死骸を集めて埋葬した。部下に一向宗の僧侶も幾人か居り、夜通し読経が絶えなかった」と証言している。

南京攻略戦で戦犯として処刑された松井大将は、第四章で田中正明氏が縷々述べているように、中国から帰国後、熱海市伊豆山に観音堂を建立し、日中両戦没者を祭祀して、自らその興亜観音の堂守となった。

戦争という異常心理の中で、一部に日本軍将兵の暴虐があったにせよ、このように全体を通して流れていた日本軍の戦没者に対する慰霊は、敵味方わけへだてることなく催行されていたことは、歴史が証明するところでもある。
「バタアン死の行進」に関して多くの文献に出てくる辻政信大本営参謀が、師団司令部に来て捕虜を始末するように指導したと書かれているが、実際には「師団参謀長渡辺大佐は、辻参謀の第一線巡視には、師団副官を彼につけ、辻の暴言をいちいち取り消してまわったといわれている」（大谷敬二郎著『捕虜』図書出版社）
バタアン半島攻略戦の主力であった第十六師団は、敵の捕虜をどのように取り扱うべきかを、下級幹部まで励行させていた。ちなみに南京攻略戦の主力も同じ第十六師団であった。

第十六師団捕虜取り扱い要領

その捕虜取り扱い要領とは、

「敵の軍人、軍属でわが軍の手中に入った者は、国際法上の捕虜である。捕虜は戦時国際法と陸軍の規定にしたがって取り扱わなければならない。捕虜を捕らえたらただちに上級部隊に報告し勝手に処分してはならない。

必要な尋問が終わったら、軍司令部に開設される捕虜収容所に護送しなければならない。

捕虜の給養はわが国の給養と原則として同一であるべきこと、捕虜の労役の制限、とくにわが軍の作戦に協力することを強要してはならない。捕虜の処罰は、法令に基づき、わが軍の軍法会議または罰権を有する将校により行われるものであるから、私的制裁は許されない」

（第十六師団法務将校原秀男少佐・作成）

紙幅の都合で、詳述できないが、バタアン行進の指揮隊長として、絞首刑になった平野庫太郎大佐の供述書、ならびに監視兵の証言をまとめた『バタアン死の行進・比島戦記』木村敏夫著の内容と一致する。

ＧＨＱ民間情報教育局（ＣＩＥ）による政治宣伝の企画

次に、我が国でＧＨＱがどの様な政治宣伝を実施したかを検証してみる。

ＧＨＱの政治宣伝の責任者は、昭和二十年九月に就任したＣＩＥ（民間情報教育局）局長Ｋ・Ｒ・ダイク代将（大佐）である。ＣＩＥの目的は、日本国のメディアの統制、政教分離などをラジオ課を設けて洗脳活動することであった。その日本人を洗脳する本部は、ＮＨＫ（日本放送協会）を接収し、その建物の中に置かれた。

ダイク代将は、NBCの販売部長兼広報調査担当取締役から、戦時中は米国戦時情報局に所属して一九四三年に西南太平洋軍司令部で、米軍兵士の情報教育に従事していた。CIE局長としての在任期間は、一九四五年九月から一九四六年五月に帰国するまでの八ヵ月であったが、現在まで影響を及ぼしている洗脳政策の流れは、ダイク代将によって立案実行されたのものである。

CIEが企画した「ウォー・ギルト・インフォーメーション・プログラム」(戦争について罪悪感を日本人の心に植えつけるための宣伝工作)に基づいた「自由主義者の話」や「出獄者にきく」などの洗脳番組は、昭和二十年十月から始めていた。その間、戦場における日本軍の残虐行為に関する政治宣伝の準備は着々と進められていた。

「CIE日報」によると、(以下昭和二十年)

十月十九日(金)　「太平洋戦争史」の五章とプロローグ完成。

十一月一日(木)　「太平洋戦争史」の配布プランのメモをダイク局長に提出。

十一月八日(木)　「太平洋戦争史」の翻訳について共同通信と打ち合わせ。十二月七日(ワシントン時間)の開戦記念日に新聞掲載の予定。

十一月十三日（火）　共同通信が翻訳した一、二章について点検、日本人によれば翻訳はOKという。十一月中に翻訳を完成し、十二月第一週に発表の予定。「太平洋戦争史」の番組化（『真相はこうだ』）についてラジオ課と予備的打ち合わせ。「太平洋戦争史」をもとにした番組『真相はこうだ』の放送を決定、脚本はウォンスマー大尉とウィンド中尉が担当、形式は米国NBCの人気ドキュメンタリー番組『マーチ・オブ・タイム』に範をとる。第一回は十二月九日（日）二十時からNHK、AFRSで同時放送。聴取者を引きつけるため、前後に人気コメディアンと歌手が出演する番組を編成する。（筆者注、NHK番組確定表によると、予定通りに構成されて放送されていた）

十一月二十日（火）　日本軍残虐事件暴露シリーズについて共同通信社と打ち合わせ。「太平洋戦争史」の評判を落とさぬため、別立てとすることを決定する。

十一月二十五日（日）『真相はこうだ』の一回目の翻訳を完成。二本目の台本を完成、NHKスタッフに翻訳に出す。「南京大虐殺」を扱う三本目の台本作成に入る。

「CIE週報」

十二月一日（土）――十四日（金）

『真相はこうだ』を試聴。第一回録音をダイクCIE局長、タイムライフ社のローターバック記者、フロウデルスバーガー博士、加藤シヅエ、高橋報道局長が試聴。放送予定は次の通り。

1、家庭用には日曜日二〇：〇〇

2、サラリーマンには、月曜日一二：三〇

3、生徒には、学校放送の中で木曜日一一：〇〇

4、録音盤を作り、フィリピン、中国等の捕虜収容所やアメリカの日系米人収容所へも送る。

（以上、「CIE日報」「CIE週報」は、『ラジオの時代』世界思想社）

GHQの内部資料で確認できるように、情報戦としての政治宣伝は、周到に準備され実行されていた。

しかし、日本人を洗脳する番組の試聴の場に、なぜ加藤シヅエが居るのか、どのような立場で同席したのか、まことに不思議である。

ＧＨＱの洗脳政策の実態

新聞各紙、ラジオで『太平洋戦争史』『真相はこうだ』と洗脳報道が続き、『真相はこうだ』は昭和二十一年二月十日に終了した。次には『真相はこうだ』を引き継ぎ、『真相はこうだ、質問箱』、『真相箱』、『質問箱』と表題を変えながら昭和二十三年一月まで放送した。

ラジオでの洗脳を徹底するために、ＧＨＱは昭和二十年十一月十三日、政府に対して四百万台のラジオを国民に支給せよとの命令を出していた。当時、新聞各紙では東京・日比谷公園で「餓死対策国民大会」が催され、連日「餓死者何名」と報道していた状況にもかかわらず国民の知らないところでＧＨＱは、米よりも洗脳用ラジオの支給を優先させていた。

『真相はこうだ』に始まる洗脳番組は、嘘を一方的にドラマ化したことで批判されたことをふまえて、聴取者を参加させる番組へと変化させた。その内容は、嘘に真実を巧妙に混ぜたことにより、国民にはどこまでが真実か、どこが嘘か、判断できない番組に進化した。

一連の洗脳放送と歩調を合わせて、昭和二十年十二月十七日から横浜における「Ｂ・Ｃ

級戦犯裁判」の放送が開始され、東京裁判も同じように放送されていた。当時の国民はそれらの洗脳政策によって、日本軍イコール悪との刷り込みで、その後は戦犯にどのような裁きが下されるかに興味は移っていた。

米国を中心とした連合軍は、武器を銃からペンに代えて約七年間、日本のすべてのメディアを裏から自在にコントロールして、日本列島全体を国家洗脳政策の実験場にしていた。大量破壊兵器を保有するというイラクに対し、フセイン大統領排除後「占領中の日本をモデルに」民主化を進めるとのブッシュ大統領の発言は、民主化の文字でカムフラージュしても真の目的は米国の国益になる国家への改造である。

同じ敗戦国のドイツと日本を比較すると、日本がより自虐的になった原因は、占領中のドイツは政府が崩壊していたことによりGHQに直接管理されたが、日本は無条件降伏したのは軍隊だけであって政府はそのまま残ったことにより間接管理されたことによる。

占領下における直接管理による政治宣伝は、いわば強制収容所内での洗脳と同じく、意識して身構えることができるので、強制力がなくなった時を境にもとに戻すことも可能である。しかし、日本のように間接管理された場合、占領下における指令などGHQの政策が自国政府の方針と区別がつかないために、無意識の中で洗脳されることになる。そのため、よりいっそう洗脳は過酷であり修復は難かしいのである。

また、占領下に政策を遂行していた政府と、主権回復後に政策を実行できるようになった政府が、国民から見ると連続しているような錯覚をもつ。その結果、GHQに汚染された約七年間を少年期から青年期へと過ごした世代は、現在も自覚することなく自虐史観を正史として信じているのであり、精神療法も必要とする患者達である。

政治宣伝の洗脳を解くには、青少年時代に吸収していた知識が、いかなるものだったのか、その情報の発信者の発言に求める必要がある。

それは、CIE局長のダイク代将が、昭和二十一年三月二十日に第四回極東委員会に報告した、GHQの指令に関する政策に見出すことができる。

「指令を発する敏速さは、いわば戦争中の戦略にも譬えられようかと思います。現在なお、いくさなのです。日本では、一種の戦闘状態にあると私は言いたいのです。平時の作戦ではないのです。と申しますのは、戦闘中は相手のバランスを崩そうとします。

右のジャブをうまく出し、相手が立ち直る前に左のジャブを出すということです。

日本人の教育のために、一つの指令を日本人が十分理解してからさらに他の指令を出すという意志は私どもにはありません」

と述べている。占領下の混乱期に何がどうなっているか分からない状況で矢継ぎ早に一方的情報を出して、立ち直れないように、強力な洗脳政策を実行すると断言しているのでである。

『真相箱』と南京大虐殺

ＧＨＱによる自虐史観の計画的刷り込みは、昭和二十年九月十六日、新聞各紙に掲載された「比島日本兵の暴状」からスタートして、「太平洋戦争史」（十二月十五日、「大東亜戦争」の呼称を禁止）、『真相はこうだ』、『真相箱』と続いた。

拙稿平成十四年四月号『正論』の「ＮＨＫラジオ『真相箱』に洗脳された戦後」で、筆者が入手したＮＨＫラジオ「真相箱」の台本の写しと、昭和二十一年八月二十五日発行の『真相箱』連合国最高指令部民間教育局編・コズモ出版社のものが同じ内容であることを明らかにした。

英霊にこたえる会中央本部運営委員長倉林和男氏が所蔵していた『真相箱』は、国会図書館、ＮＨＫ放送博物館にも所蔵されていない貴重な資料であり、占領下の政治宣伝を研究する絶好の書として小学館文庫より『真相箱の呪縛を解く』（櫻井よしこ著）とのタイトルで完全復刻されているので参考にしていただきたい。

それでは、『真相箱』で南京攻略戦をどのように政治宣伝していたか全文を掲載する。

陥落前の南京

「日本が南京で行った暴行についてその真相をお話し下さい。

我が軍が南京城壁に攻撃を集中したのは、昭和十二年十二月七日（筆者注・十日）であります。これより早く上海の中国軍から手痛い抵抗を蒙った日本軍は、その一週間後その恨みを一時に破裂させ、怒涛の如く南京市内に殺到したのであります。

この南京の大虐殺こそ、近代史上稀に見る凄惨なもので、実に婦女子二万名が惨殺されたのであります。

南京城内の各街路は、数週間にわたり惨死者の流した血に彩られ、またバラバラに散乱した死体で街全体が覆われたのであります。この間血に狂った日本兵士らは、非戦闘員を捕え手当り次第に殺戮、略奪を逞しくし、また語ることも憚《はばか》る暴行を敢て致しました。

日本軍入城後数週間というものは、一体南京市中でどういうことが起ったのか、非戦闘員たる中国人の保護に任ずるため踏み止まった外国人が、一体どういう運命に遭遇したのか、これは杳《よう》として知ることは出来ませんでした。というのはかかる真相の漏洩より予想される不測の反響を慮《おもんぱか》った我が軍部が、あらゆる報道の出所を封じて、厳重なる検閲を実施したからであります。だが結局この真相は白日の下に露呈されました。そしてかかる日本軍の常軌を離れた行動そのものに対しては、その大部分の責任が、これを抑え切れなかった軍部自体の負うべきものなることが判明致しました。

集団的な略奪、テロ行為、暴行等人道上許すべからざる行為は、市内至るところで行われました。はじめ南京城市民は、もしも日本軍さえ入城してくれるなら、中国軍の退却のドサクサにまぎれた暴行略奪も終るだろう、と期待したものです。ところが彼らの希望は無残にも裏切られたのみならず、更に大なる恐怖に直面することとなったのであります。こうした暴行事件は南京初め保定その他華北の占領都市でも見られることですが、これは明らかに日本軍将校が煽動して起したものであり、彼等の中には自から街頭に出て商店の略奪を指揮したものもあったといわれています。日本軍の捕虜となった中国兵を集め、これを四、五十人ずつロープで縛り、束にして惨殺したのもまた日本軍将校の命令であったのです。

日本軍兵士は、街頭や家庭の婦人を襲撃し、暴行を拒んだものは銃剣で突き殺し、老いたるは六十歳の婦人から、若きは十一歳の少女まで見逃しませんでした。

そして中国赤十字社の衛生班が、街路上の死体片付けに出動するや、我が将兵は彼等の有する木製の棺桶を奪い、それを『勝利』のかがり火の薪に使用致しました。赤十字作業夫の多数が惨殺され、その死体は今まで彼等が取片づけていた死体の山に投げ上げられました。また市内のある発電所では、日本軍により技師五十四名が殺害されました。その後クリスマス当日には、日本軍当局は彼等の捜査に取りかかりましたが、それは発電所の復興に彼等の必要を感じたからでありました。

その日の午後、数名の者が市内の某病院に同行されました。それは一度試し斬りした上、早速手当を加えるためだったのです。これらの人々は二人ずつ背中合わせに縛られ、我が教官が銃剣で突くには何処が一番効果的であるかを実物教授する間、じっと座っておるよう命ぜられました。だがその多くは、負傷のために縛目を解かれる前に絶命していました。このような大規模な暴行は終始間断なく行われましたが、その間空からは日本軍飛行機が次のように書いた宣伝ビラを撒いていました。即ち、

『中国に復帰するすべての善良なる中国人に対し、我が軍は食物並に衣類を給与すべし。支那国民が憎むべき蔣介石軍の圧制を脱し、我が親愛なる隣邦国民となることこそ、これ我が国の希望に外ならず』と。

こうした宣伝によりこのビラの撒かれたその日のうちに、数千人の中国人がその一時的な避難先から、続々として戦火に破壊された我が家へ帰ったのです。しかもその翌朝、日本軍は恐るべき暴行を敢えて行いました。

大晦日の夜には、我が軍部は避難民宿舎の中国人首脳部を呼び出し、いわゆる住民の『発意』による祝典を翌日行うべきことを申渡し、避難民達にすぐさま祝賀行列用の日章旗を作れと厳命致しました。当時日本大使館員はこれを説明して、日本国民はニュース映画によって、こうした日本軍の歓迎振りを見るならば、必ずや大なる満足を覚えるであろうと暴言したものです。

だが、こうした大規模な虐殺も、漸く日と共に下火になりました。そして昭和十三年三月政府の御用機関たる東京放送局は、次の如き出鱈目な虚報を世界に向って送ったものです。

『南京においてかく多数を惨殺し、また財産を破壊した無頼の徒は、これを捕縛した上厳罰に処せられました。彼等は蔣介石軍にいて平素から不満を抱いていた兵士の仕業であることが判明致しました』と。

死者が答えることはもとより不可能なことであります。しかしながら我が軍がかかる残虐行為を行った隠れもない事実は、我が将校の所持する写真によって、遺憾なく暴露されております。

南京の暴行、これこそ中国をして、最後まで日本に抵抗を決意せしめた最初の動機となったものであります」

この『真相箱』の内容は、東京裁判の南京関係判決文と比較すると、ほとんど同じである。重複している部分を見ると「日本軍はその獲物に飛びかかって際限ない暴行を犯したことが語られた。兵隊は個々、または集団で全市内を歩き回り、殺人・強姦・放火を行った。中国人の男女子供を無差別に殺しながら歩き回り、遂には通りに被害者の死体が散乱したほどであった。……南京占領後、最初二、三日の間に少なくとも一万二千人の非戦闘員の中国人男女子供が死亡した」とある。ようするに、裁判が始まる前に判決が下されていたのである。

封印された通州での大虐殺

昭和十二年七月二十九日に勃発した、通州での大虐殺事件でも同じようなことが見られる。

当時の新聞はこう報道している。

「通州冀東保安隊（中国人）約三千名が突如、日本軍守備隊を攻撃すると同時に特務機関および日本人居留民を襲撃した。この為、特務機関員全員が戦死、在留邦人三百八十五名のうち女性、子供を含む二百二十三名が虐殺された。ある者は耳や鼻を削がれ、女性は陰部に丸太を突き刺され、あるいはワイヤーロープにつながれ、素裸にされて池に投げ込まれた。また放火した火焰の中に生きた人間を投げ込むなど、目もあてられぬ惨殺であった。その上、居留民の家屋はすべて焼かれ、家財は略奪された」

まさに「真相箱」や東京裁判での南京関係の判決と同じことが中国人によって実践されていたのである。

常識的に考えて、日本人には想像することもできない殺し方は、「食人風俗」の伝統がある中国人の伝統的行為なのである。

「真相箱」の《陥落前の南京》の最後に「南京の暴行、これこそ中国をして、最後まで日本に抵抗を決意せしめた最初の動機になったものであります」とあるが、南京を通州、そして、中国と日本を置き換えると、わが国が南京攻略戦へ突入して行った流れを理解できるであろう。

しかし「通州事件」は、朝日新聞なども国民を震撼させた大事件として、昭和十二年八月八日に号外まで出しているのに、戦後、岩波書店発行の『近代日本総合年表』に記載はない。

それは、GHQ占領下の検閲により、三十項目のプレス・コードの中の第九項で中国に対する批判の報道が禁止され、岩波書店は現在もそのプレス・コードを忠実に守っているのであろう。

そしてマス・メディアを見ると、ＧＨＱ占領下の朝日新聞は『スターズ・アンド・ストライプス（星条旗）』紙を受付で配布するほど、ＧＨＱにすり寄っていたのであり、現在も同じ反日・自虐史観の宣伝機関なのである。

また、朝日新聞は洗脳放送『真相箱』の編集に加担、ＮＨＫは『真相はこうだ』の台本を翻訳しＣＩＥに直接管理された。共同通信は、ＧＨＱ編集『太平洋戦争史』を翻訳して新聞各紙に配信した。以上の三社が現在でも反日的色彩が強いのは、ＧＨＱ占領下に占領政策の手先となって働いたことからくる必然である。

第七章　平時の政治宣伝

日中国交正常化交渉と政治宣伝

日中国交正常化交渉の当時、中国は大躍進政策の失敗で二〇〇〇万人の餓死者を出し、文化大革命で二四〇〇万人の命が奪われるなど、国家は瀕死の状況にあった。

そしてソ連との対立は、冷戦状態の米ソを上回る激しさであった。

その閉塞状況を打破するために、日本との国交正常化は是が非でも必要なことであった。中国が国交正常化を有利に進めるためにとった政治宣伝は、東京裁判における日本と中国の構図をそのまま利用することであった。

そこで、中国政府が放った白羽の矢を受け止めたのが朝日新聞であったと推察される。

昭和四十五年三月二十日から朝日新聞の広岡知男社長は、日中覚書貿易交渉日本代表の一員として一ヵ月も中国に滞在した。

中国政府高官とどのような話し合いがもたれたかは、知る由もない。しかし、朝日新聞のOBである稲垣武氏は著書の『朝日新聞血風録』にこう記している。

「日中国交回復の推進が自分の使命だという思い入れがあったと思う。当時の広岡社長が『中国文化大革命という歴史の証人として、わが社だけでも踏みとどまるべきである。そのためには向こうのデメリットな部分が多少あっても目をつぶって、メリットのある部分を書くこともやむを得ない』という趣旨の発言を社内の会議でしていた」

このような報道姿勢に基づいて、朝日新聞は日中国交回復交渉を中国側が有利に進めるためと考えられる本多勝一氏の「中国の旅」を昭和四十六年八月から十二月まで連載する。この中で本多氏は、南京事件、平頂山事件、万人坑、三光作戦などについて、中国側の言い分のまま記事を書いている。

南京攻略戦問題と円借款

昭和五十九年、本多勝一氏は同期入社の筑紫哲也氏が編集長を務める『朝日ジャーナル』で「南京への道」を四月十三日号から十月五日号まで計二十五回連載をした。

この時期まで、朝日新聞が南京大虐殺のキャンペーンを張れなかったのは、元自民党幹事長橋本登美三郎と田中角栄元総理の存在があったためと思われる。特に橋本は支那事変後、朝日新聞上海総局次長として赴任しており、南京戦では朝日新聞の責任者として入城し、記者の取材先を一人ひとりに指示を出すなど、現場全体をもっとも把握していた。しかし、橋本は昭和五十七年六月、ロッキード事件で有罪となり、影響力を失っていた。また、日中国交正常化の立役者であった田中角栄もロッキード事件で、昭和五十八年一月、懲役五年の論告求刑により、キングメーカーとしての陰りが見え始め、同年十月に懲役四年の実刑判決で政治権力を失った。

朝日新聞と中国に対してにらみのきく両者の影響力がなくなった時点で、朝日新聞は中国の走狗となって暴走を始める。

『朝日ジャーナル』における本多氏の惨殺キャンペーンと連動して、単なる煙幕の写真を毒ガスと称したり、中国の軍隊が満州馬賊の首を切り落とした生首の写真を南京虐殺の惨劇とするなど、偽写真、捏造、歪曲で盛りだくさんとなった。

昭和五十九年当時の中国経済は、財政、国際収支（貿易・サービス）ともに赤字。マネーサプライ（通貨供給）が四〇・一％と異常に高く、景気が悪くてインフレが昂進するスタグレーションの状態であった。そのままハイパーインフレが進むと中国経済は破綻していたであろう。そのような中国の経済危機を救済したのは、日本の緊急支援であった。そ

中　　国

	工業製品	外貨準備高(金)	マネーサプライ	財　務	対中国政府ベース（交換公文ベース）		
	前年比(%)	前年比(%)	前年比(%)	対GNP比(%)	無償協力(円)	有償協力(円)	輸出入銀行直接借款(円)
1980	12.9	−3.2	24.7	−2.9	——	——	——
81	7.5	−9.5	17.1	−0.5	——	——	——
82	3.6	−5.2	10.6	−0.6	65億3千万	650億	470億
83	7.2	−5.1	17.5	−0.7	78億8千百万	690億	294億
84	7.9	−6.4	40.1	−0.6	54億5千万	715億	0
85	21.9	12.1	23.2	−0.3	58億4千4百万	751億	1013億7千6百万
86	14.7	11.4	27.9	−0.7	*5億	806億	789億6千6百万
87	34.9	16.0	18.5	−0.7	58億2千9百万	850億	1582億千5百万
88	30.9	−5.1	20.0	−0.6	95億4千万	1615億2千百万	1922億5千万
89	9.7	−2.3	6.3	−0.6	53億6千7百万	971億7千9百万	1326億2千9百万
90	7.4	8.3	20.1	−0.8	61億千9百万	1225億2千4百万	403億6千5百万
91	15.3	0.5	28.2	−1.0	*47億9千3百万	1296億7百万	275億
92	19.3	−3.9	30.3	−1.0	——	——	——

資料出所：日本銀行国際局（「外国経済統計年報」1992年版）
図は1994（平成六）年、水間政憲作成

資料出所：通商産業省（「経済協力の現状と問題点」平成5年度版）
データは1982〜1991　*1986、1991は4月〜12月

して、その政治状況を造り出す役割として、自虐キャンペーン報道の中心的存在が筑紫哲也氏であった。

昭和五十九（一九八四）年にゼロであった中国への輸銀直接借款が、昭和六十年には千十三億七千六百万円もの巨額援助が拠出された。

その結果、昭和六十年の中国経済は外貨準備高もプラスに転じ、マネーサプライも少し落ち着きを取り戻している。しかし、財政は依然としてマイナス圧力が強く、慢性的インフレ傾向であり、金融支援の継続が必要であった。

南京攻略戦キャンペーンが、我が国の反日メディアと中国のヒステリックな批判によって、初めて巨額の円借款が拠出

されたことにより、それ以降、更新時期になると、中国と国内の反日メディアが水面下で連動しているがごとく、一体となって反日歴史認識問題が報道されてくる。その結果は、押して知るべしである。

政治宣伝としての靖国神社公式参拝問題

歴史認識問題を対日外交の最大の武器とする中国は、南京大虐殺の捏造の次に靖国神社の問題を持ち出してきた。慰霊の方式は国によって違っていいし、違うのが当たり前である。そういう伝統・文化の違いを有する問題を持ち出してくるというのは、利用できるものは何でも利用するという、いかにも中国的やりかたである。

このことで調べてみると、朝日新聞の報道が連動している。朝日新聞は昭和六十年八月十五日夕刊一面トップで「戦後首相として初めて公式参拝」と記事を書いているが、「初めて」というのは事実ではない。

昭和二十六年十月十九日の紙面では「靖国神社秋の例大祭第一日の十八日夕。吉田首相が参拝した。（中略）昭和二十年十月二十三日、時の幣原首相が参拝して以来、首相が公式の資格で参拝したのは六年ぶりであった」と報道している。

また昭和五十九年一月五日の夕刊一面には「首相が靖国参拝、就任一年余で四回目、正月早々は戦後初めて」と書いている。そこに掲載してある写真の説明には「靖国神社に参拝し、『内閣総理大臣中曽根康弘』と記帳する首相」と説明がある。

記事の内容は「……歴代の首相も通例として春、秋の例大祭と八月十五日の終戦記念日の参拝にとどめていた。同神社社務所は『現職首相の正月参拝は、戦後は例がないと思う』といっている」となっており、この時点では春、秋の例大祭や終戦記念日より、正月の参拝を問題にして報道していた。

このように一年前の正月にも、首相の靖国神社参拝を報道しているにもかかわらず、昭和六十年八月十五日「戦後首相として初めて公式参拝」と大々的に報道しているのである。これについて朝日新聞は、嘘を承知で報道したと批判されても反論できまい。

ではこの記事が何故問題かといえば、当時の中国は金融支援の継続が必要であった。何としてでも継続して円借款を毟《むし》りとるために、中国は政治的道具として南京問題の他に靖国神社問題を持ち出してきた。

朝日新聞の記事が、まさにそれに協力した形になっている。図を見ると明らかなように、朝日新聞が自虐キャンペーン報道を始めた昭和五十九年（一九八四年）以降、当時、政府は国会の承認を必要としない輸出入銀行の直接借款を利用して、巨額支援をしているのが理解できるであろう。

この時から、歴史認識問題は「金のなる木」として中国が盛んに利用し始めている。このように記事を捏造してまで中国に加担したり、北朝鮮による拉致問題に対する偏向報道など、朝日新聞は糾弾されなくてはならない。

円借款から覇権を目的とした政治宣伝

中国が最も嫌う内政干渉を、ことさら首相の靖国神社参拝問題で日本に抗議してくる中国の目的は、対日カードとして永遠に利用できる何かを持ちたいという願望があるからではないだろうか。

従軍慰安婦強制連行、南京大虐殺などは、いずれ学術調査が進むと中国にとってそれが歴史の捏造だけに、嘘はしょせん嘘でしかなく政治宣伝の価値が下がることになる。そんな中、伝統・文化の違いを問題にすれば、永遠に利用できると考えても不思議ではない。よく中国は、歴史を鏡としてと公言する。その意味は「日本よ、中国で犯した罪を鏡によく照らし合わせて過去を反省し、金を出しなさい」ということである。

しかし、南京攻略戦問題にしろ、靖国神社に関係する戦没者慰霊に関する問題にしろ、日本が国際的学術シンポジウムを東京で大々的に開催し、その実相が明らかになれば一番困るのは中国である。

そういう訳で、中国が声高に靖国神社問題を叫ぶのは、東京裁判での判決すなわち「侵略国家日本」を、固定化することに目的があるといってよい。

その意味で、靖国神社代替の「国立追悼施設」の建設は、日本が侵略国家でございましたと内外に宣言することに等しい。それを中国側から見ると、日本人の税金で中国戦勝記念碑を日本国内に建設してもらえることにもなる。まさに中国にとっては、一石二鳥どころか三鳥も四鳥にもなり、逆に日本は、今以上の負担を強いられることになる。

更なる問題は、日本からの円借款で中国が経済力をつけ、東アジア及び東南アジア、そして将来的には、米国に取って替わって西太平洋の覇権を実現したいという野望を持っていることである。

そのために必要な中国の政治宣伝は、日本が中国の国家戦略の障害にならないように、いつまでも自虐史観をもち続けさせ、日本の政治大国化を阻止することを目的として今後も続けられることになる。

中国の政治宣伝を代弁する「筑紫哲也ニュース23」

中国が政治宣伝として、日本に難癖をつけ攻撃してくるのは、ある意味仕方のないことである。しかし日本人が、真実でもないことを取り上げて日本を悪くいうのは許しがたい行為である。南京問題もその一つである。

果たして「南京攻略戦」は、ナチスドイツのユダヤ人虐殺に比肩しうるような「大虐殺」があったのかどうか。ないとなれば、なぜこうまで問題になっているのだろうか。

それにはやはり理由がある。ホロコースト（大虐殺）に変質させたと明言できる記事があるのである。本多勝一氏の筆による「南京への道」である。

それは『朝日ジャーナル』に昭和五十九年四月十三日号から十月五日号まで二十五回にわたって連載されたもので、その時の編集長は筑紫哲也氏であった。

筑紫氏はその後、平成元年十月に朝日新聞を退社し、ＴＢＳ「ニュース23」のキャスター・編集長に就任した。

ここでは筑紫氏が中国への円借款更新の時々に、どのように中国が喜ぶ報道をしてきたか検証してみることにする。

平成五年、台湾で民主主義にのっとり行われた総統選挙の時である。中国は李登輝総統の当選を阻止するために台湾海峡で大軍事演習を実行した。

その時に浪費した軍事費は数千億円にのぼる。「金のなる木」を持った中国は、その補塡先を日本に求めて当然である。そしてそれを効果あらしめるためには、日本の弱点、歴史認識が日本で問題になればよいのである。

ちょうどというか、平成六年五月永野法務大臣の「南京大虐殺デッチ上げ」発言があり、毎日新聞がそれをひっかけスクープした。まさに、補塡キャンペーン報道の位置づけとして見ることができる。

何をもって毎日新聞は、大虐殺のデッチ上げ発言として非難するのか。筆者はすぐに毎日新聞に「一面トップで大虐殺と報道するからにはその根拠があるはず、その人数を教えていただきたい」と問い質《ただ》した。

それに対して電話をたらい回しにしたあげく、最後に社長室の担当者がでてきて「わが社のデータベースには虐殺数は入っていません」との回答であった。

同種の質問を朝日新聞にもしてみると、調査室の担当者は「データベースに虐殺数は入っていません」と同様な回答であった。

一次資料に基づく、おおよその虐殺数さえも入力されていないにもかかわらず、我が国のメディアは何を根拠に「南京大虐殺デッチ上げ」発言と報道するのであろうか。ことほどさように中国の主張をそのまま伝えている。

筑紫氏もまた同じである。「南京大虐殺」を日中間の政治問題に育て上げた彼は、平成六年五月九日『ニュース23』の「多事争論」で

「……なぜこういう発言が繰り返されるのか。……私たちがきちんと歴史を清算していないということ、歴史で何が起きたかにちゃんと向かい合っていない未消化の部分がある……。過去を語ることは、実は現在や未来にかかわりがあるということです」

と、いかにももっともらしい発言をした。とんでもないことであるが、中国にとっては好都合である。なぜなら、平成七年に更新額が確定する円借款交渉において、中国側が有利に話を進める反日プロパガンダとして見ると納得できるからである。

検証『筑紫哲也ニュース23』

テレビメディア『ニュース23』は、新聞メディア以上に影響力は強力である。では、どのように中国が喜ぶ政治宣伝を放送したか。以下列記してみよう。

平成六年五月二十七日、「従軍日記は語る」という特集番組で「虐殺があったと」証言

する元兵士を番組に出して
「ガソリンぶっかけて、ガソリンというのをね、たった一リッターかけても、ブワッと広がるんです。ボーッと飛び上がりおった。飛び上がって、転げるわけね」
などと、虐殺の状況をオーバーに語らせた。東京裁判のように、日本を悪くいう証言なら何でも採用するというのか。この証言は平成十二年一月二十一日の最高裁で捏造と判定された。
しかもその特集番組は、裁判の公判中、当事者の一方だけを出演させて弁明させるという卑劣な内容であった。
同八月十一日には、特集「南京事件生存者の証言」を放映している。あえて名前は揚げないが、中国から来日した老婦人が証言者として参加した東京でのシンポジウムを取材した映像である。
そして、彼女を『ニュース23』に出演させて
「母親は、赤ちゃんを抱いてテーブルの下に隠れていましたが、見つかってしまいました。……日本兵は、赤ちゃんを奪いとると下にたたきつけて殺したのです。そして母親は服をすべて脱がされ、たくさんの日本兵に輪姦されて殺されました。姉も輪姦されました。その後で日本兵はおじいさんの杖を姉の体にさし入れ、かき回して殺したのです。日本兵は

三回、私を刺しました。その時の傷がこれです」と語らせていた。通州事件における、中国人が日本人に対して行った虐殺行為とまったく同類の証言である。

そして彼女は生き残り、南京陥落後も「中華門の近くで家族と平穏に暮らしていた」とシンポジウムで証言していたが、阿羅健一著『南京事件日本人48人の証言』（小学館文庫）の中にある、報知新聞（読売新聞）二村次郎カメラマンによれば、陥落と同時に中華門から入城した時、「中国人は誰もいませんでした」と証言している。

ちなみに、筆者の友人である共産党員でない複数の中国人によると

「中国には政治的発言の自由はなく、中国人証言者について来る通訳は、中国公安の人間か関係者である。日本に来て自由に証言することなどあり得ない」

と断言していた。我が国とは異なる中国民族の風土や複雑な政治的背景を無視して、事件の解明を行うなどというのは茶番であろう。

こうした平成六年の「南京大虐殺」キャンペーンの政治宣伝が集中した翌年に、中国への円借款は更新になり、平成八年から平成十年まで五千八百億円と巨額になった。

次の中国への円借款更新年度の平成十年には、江沢民主席が来日した。

その来日の一ヵ月前、中国では広東国際信託技資公司が破綻して、我が国の金融機関の債務四百億円が切り捨てられていた。

ご記憶と思うが、今上陛下及び国民を愚弄した江主席の歴史認識発言は、それらのことを当然踏まえた有無をいわせぬ政治的パフォーマンスであると考えてよい。

そして、江主席は平成十一年と平成十二年度分の円借款、三九〇〇億円をものにして帰国した。

さらに引き続き、平成十三年以降の中国への円借款更新年度の平成十二年一月二十四日、今度は「ハッカー事件」が勃発した。中央省庁のホームページにハッカーが侵入して、

「日本人は歴史の真実を直視する勇気のない民族だ、アジアの恥」

というような書き込みが多発した。

筑紫氏は、平成十一年七月十日の多事争論では、このようなホームページについて

「……トイレの落書きに近い……」

との軽く流す発言をしていた。なのに、このハッカー事件を利用して事件に関係のない米国の反日中国系市民団体のホームページを画面いっぱいに映しだした。

まず「南京大屠殺」と題された中国文を前面に出して、テロップとナレーションで

「……世界のハッカーの英雄たちよ、引き続き日本をハッキングしよう」

という、犯罪を扇動する呪文の様にタレ流したのである。

まさにその「呪文」に踊らされたと思われるハッキング事件が、同一月三十一日に発生した。それは、『ニュース23』が犯罪者の目的を代弁したことになる。

ハッカー事件の二週間前の一月九日、中国は邦銀の債権四千三百億円を切り捨てる行動に出ていた。また、三日前の同二十一日には、最高裁判所において、筑紫氏が熱を入れて報道した「郵便袋虐殺事件」の被告東史郎（虐殺があったとする）側の敗訴が確定している。

このような我が国のテレビ・メディアによる偏向報道は、無知による報道と確信犯としての報道が渾然一体となっている。これら偏向報道を是正するには、放送法に罰則規定を作ることと条文の改正が必要であることは言うまでもない。

政治宣伝としての「郵便袋虐殺事件」

先出の郵便袋虐殺事件とは、東史郎氏の『わが南京プラトーン』と、東氏の日記をもとに書かれたという下里正樹氏の『隠された連隊史』と『南京事件京都師団関係資料集』（三冊とも青木書店）の中で、南京事件の「虐殺者」の一人であるかのように書かれた東氏の上官が、東、下里両氏及び青木書店を相手取り、損害賠償と謝罪広告の掲載を求めて、平成五年四月十四日に東京地裁に起こした訴訟である。

その内容とは「郵便袋に中国人男性を入れて縛り、ガソリンをかけて火を付け、手榴弾を結びつけて池に放り込んで虐殺した」との表現が、現実に可能か否かの審議であった。東京地裁の判決は、三年後の平成八年四月二十六日に下され、原告（虐殺はしていない）勝訴であった。判決後の記者会見で被告東史郎氏は「外国のテレビもたくさん取材に来ている。こんな判決を出したら世界が黙っていない」と開き直っていたが、その発言を裏付けるように、その後『ラーベの日記』や『ザ・レイプ・オブ・ナンキン』が外国で出版されている。それらと東氏の発言が、何らかのつながりがあるのではないかと思えてならない。

中国では、「郵便袋虐殺事件」が南京大虐殺の証明と宣伝していたこともあるため、日本の裁判所で不可能と判断されたことには、相当あわてたであろう。

平成十年十二月二十二日の高裁判決も一審判決を支持し東氏側の控訴を棄却した。

判決後の記者会見場にいた一人として状況を述べると、複数の中国のテレビ局及び新聞社の記者達と通訳でごった返し、会見が始まると中国人から「南京大虐殺を否定するのか！」などの罵声が飛び交いその場は騒然となった。

ちなみに、当日、中国の報道機関を記者会見場に入室を許可した幹事会社はＮＨＫであ

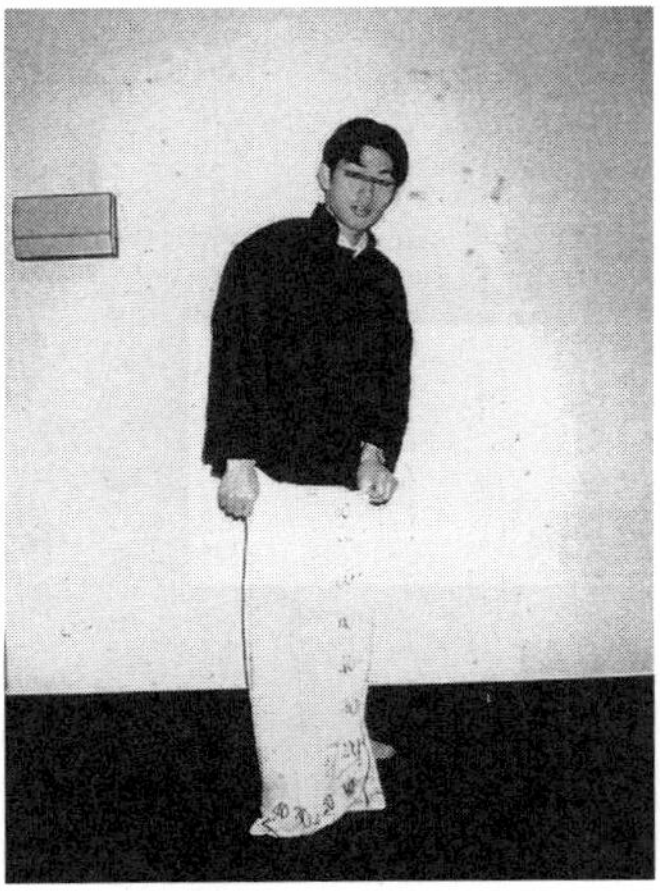

2．右行嚢を足から入れたもの
股下しか入らない

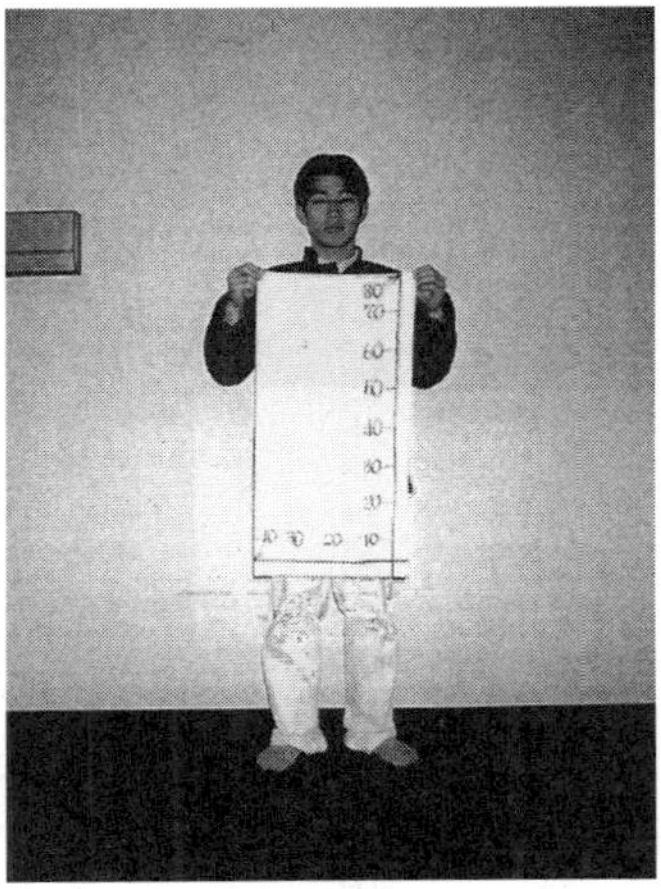

1．竝行嚢の大を示している

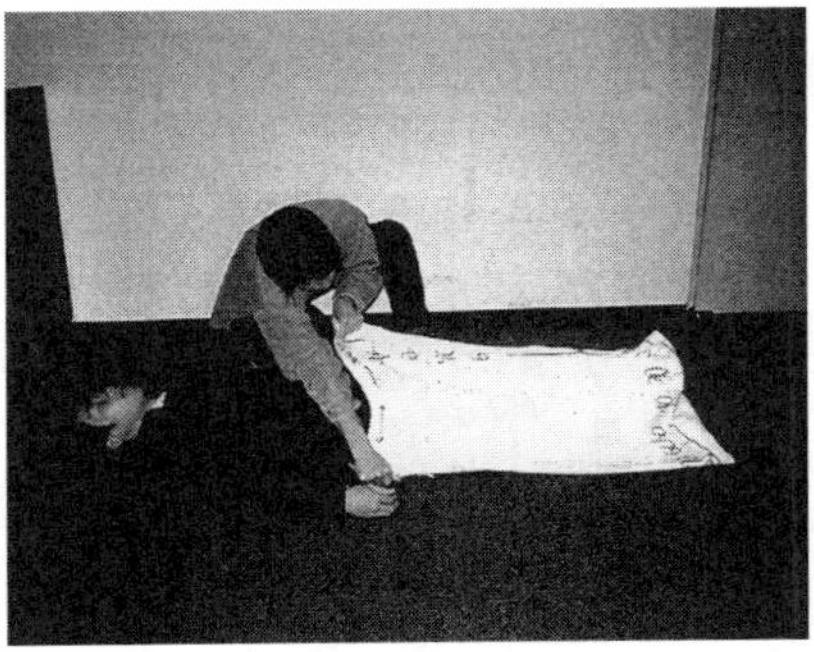

4．竝行嚢の大を示している

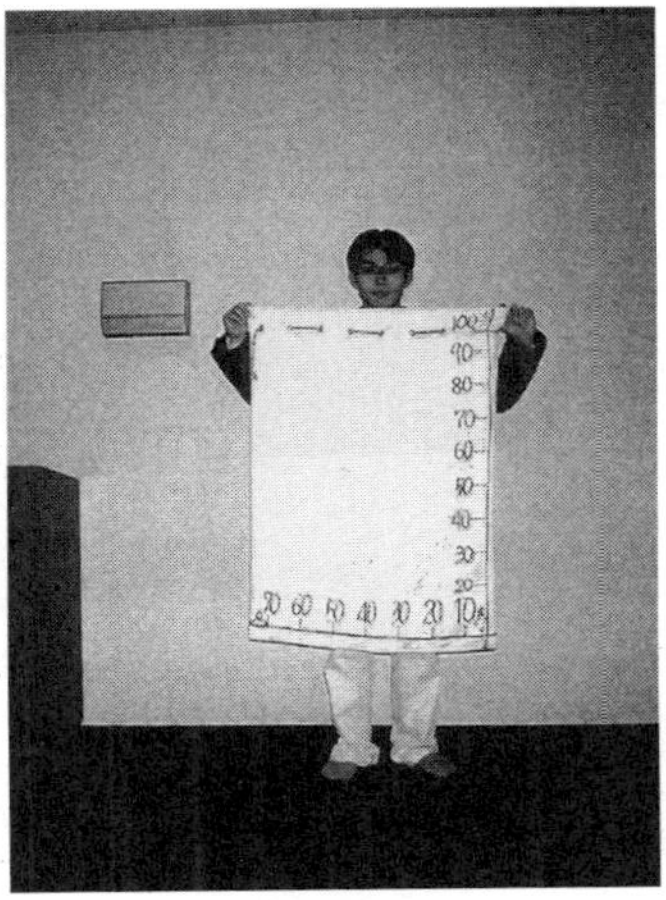

3．外國郵便用の行嚢
一センチ大めに作成した

った。判決が下された後も、東氏は中国に招かれて日本の裁判所の判決を批判していたが、原告側（東氏側の記述にある虐殺は不可能）が平成十年五月十二日高裁に提出した写真報告書で説明すると、可否は一目瞭然である。

甲第一〇五号証（モデルの身長百六十七センチ、体重五十八キロ）。写真1と2は、東氏側が東京地裁で虐殺に使用したと称する郵便袋の実寸をもとに作製した袋である。

写真3、4、は、東氏側が東京高裁で郵便袋は国際用であり、地裁の時の郵便袋サイズより大きいと言い出したサイズをもとに作製した袋による実証実験である。

ちなみにモデルの男性が着ている黒い服は、中国製の綿入りの上着である。

写真の1と2は、子供でも入れることなど出来ない袋に、東氏側は大人を入れることが可能であると三年間も争っていた。南京虐殺などと政治宣伝している実態がいかにいいかげんかこれ一つ見ても自明である。

明らかになった南京大虐殺の嘘

戦後、日本人を自虐化させた「南京大虐殺」という最大の汚名から、ついに解放される時が来た。

近年研究者によって進められていた資料調査が結実して、月刊『正論』平成十五年四月号の東中野修道氏の論文「南京『大虐殺』を覆す証拠を発掘した」によって、虐殺論争は完結したと言えるのではあるまいか。

南京大虐殺の教典でもあった、英国紙マンチェスター・ガーディアンの中国特派員ティンパーリ著『戦争とはなにか』（一九三八年七月）が、国民党の宣伝文書であったことが、中国国民党の公式資料で確認されたのである。

ティンパーリが、国民党中央宣伝部の「顧問」（宣伝工作員）であったことは、鈴木明氏や北村稔氏によって明らかにされていたが、中国国民党内部資料で裏付けられたことで、これらは情報戦としての謀略であったことが実証された。

我が国の今後の使命は、国内外に向けて不正を明確に掲示し逆宣伝を強力に推し進めていかなければならない。

ＧＨＱが刷り込んだ自虐史観の宣伝マンになりさがっている曲学阿世の輩達、並びに世間の空気を見ては中小の虐殺があったと発言していた保守系の売文家達も恥を知って、もはや消えざるをえないだろう。

だが嘘を承知でこのような活動をしてきた輩達は、反日活動を人生の目標にしているのであり、従って「大虐殺」の梯子をはずされてもへこたれることなく再び手を変え品を変え何か攻撃できる材料を捜しては論争の準備を始めるであろう。
自虐史観の象徴になってきた「南京大虐殺」の真相を、日本人一人ひとりが本気で考え知ることになれば、自虐の呪縛から解放されて進むべき新しい未来の道が広がって行くであろう。
そのためにも、本書とともに一読を薦める関係図書を紹介します。
『南京事件日本人48人の証言』（阿羅健一著、小学館文庫）
『南京事件の探求』（北村稔著、文春新書）
『南京虐殺研究の最前線』（東中野修道編著、展転社）
『パール判事の日本無罪論』（田中正明著、小学館文庫）

南京攻略戦最後の政治宣伝を前にして

反日・自虐史観の宣伝マンに身を落とした輩達は、糸の切れた凧のように、飛んで、飛んで北京にでも行って、静かに余生を過ごしていただければよろしいのだが、そうもゆくまい。

今後、取り上げるであろう南京攻略戦問題は、戦闘行為の中での捕虜の処断ということに集中してくるだろう。

しかし捕虜の取り扱いに関する問題は、専門家不在の論争に終始していたのが現状である。ところが、このような状況が来ることを予想していたかの如く、大変貴重な論文が平成十三年三月号『正論』に掲載されていた。

昭和九年オランダで客死して、オランダ国葬となった安達峰一郎国際仲裁裁判所々長を記念した「国際法学会安達峰一郎記念賞」第一回の受賞者でもある、国際法学会の重鎮、佐藤和男博士が著したところの「南京事件と戦時国際法」である。その中で、今後、論争になりそうな、便衣に変装した支那兵の摘出・処断をこう解説している。

「……安全区は、南京在住の第三国人有志が十二月初めに南京安全区国際委員会という非政府機関を設立して、……日本にその保証を求めてきたものである。……日本軍当局は、右委員会の中立性維持能力を危ぶんで、この安全区を正規の中立地帯として公式に承認することはしなかったが、軍隊の立入禁止区域の設定という趣旨は諒として、事実上安全区の存在を尊重する——もちろん、支那軍による同様の尊重が必須の条件とされた……。

南京城内外での激戦の結果、安全区内に進入・潜伏する支那敗残兵の数は少なくなかった。一般に武器を捨てても（機会があれば自軍に合流しようとして）逃走する敵兵は、投降したとは認められないので、攻撃できるのである。安全区に逃げ込んだ支那兵は、投降して捕虜になることもできたのに、それをしなかったのであり、残敵掃討が諸国の軍隊にとってむしろ普通の行動であることを考えると、敗残兵と確認される限り、便衣の潜伏支那兵への攻撃は合法と考えられるが、安全区の存在とその特性を考慮に入れるならば、出入を禁止されている区域である安全区に逃げ込むことは、軍律審判の対象たるに値する戦争犯罪行為（対敵有害行為）を構成すると認められ、安全区内での摘発は現行犯の逮捕に等しく、彼らに正当な捕虜の資格がないことは既に歴然としている。平民分離が厳正に行われた末に、変装した支那兵と確認されれば、死刑に処せられることもやむを得ない」

今後、一番問題となるであろう安全区内での便衣兵の取り扱いを、戦時国際法から見た検証によって問題がないのであれば、あとはどこにでもある戦場風景になる。

中華思想に戸惑わないために

共産党員でない中国人の友人が、日中間で政治問題化している歴史問題について日本人の有り様を示唆してくれた。

「中国人の場合、例えばA家の子供とB家の子供が外でケンカをしたとする。それぞれの子供が家に帰って親から詰問され、仮にA家の子供の方が悪いと分かった。その時A家の親はどう行動するか！　これが分からないと中国人のことは分からない。A家の親は、もちろん子供に説教する。しかし、いざ外でB家の親に合っても決して謝罪はしない」

また「国と国の関係も同じで、中国人は日常生活の中で、『反省』という言葉をほとんど使用しない」とのことである。

これらの話をもとに過去二十五年間の我が国の中国に対する姿勢を見ると、日本が一方的に謝罪・反省を公式に繰り返しているのに、中国は逆にどんどん反日にエスカレートしているという姿がよく分かる。

日本人的発想からすると、それが真実であるかどうかは別にして、まずは真摯に反省の姿勢を相手に見せることで理解してもらえると考える。ところが中国人はまるっきり違う。そんなに謝罪するのは、よほど日本人が悪いことをしてきたと受け止める。だから繰り返し謝罪をすると受け止める。せっかくの日本人の行為も誤解されてしまうのである。

そこで大きく横たわるのが、日中間の歴史認識である。では、その論争を解決するには、どのようにするのが良いのかとの疑問に、その中国人は、

「そもそも解決する必要はない。日本と中国は、互いに言いたいことを言っていればよい。どのような状況下でも中国に利益があることであれば、いつでも話し合いに応じるのが中国人である」

と述べている。

中国人　私費留学生との対話

今から十数年前、複数の中国人友人と南京攻略戦を話題にする機会があった。中国で南京大虐殺があったと報道され始めたのは、一九八〇年代に入ってからのことと全員が語っていた。

彼らの中に「小・中学生の時、中国で一番悪いことをした国は英国と教えられた。英国人が中国の子供を殺して石鹸にしたことを展示する、福建省にある虐殺記念館を見学したことがある」と言う者もいた。

また、文化大革命の時、両親が上海から農村に下放させられ、上海でおばあちゃんに育てられた一人は「おばあちゃんは、上海に生まれて、清、中国国民党、日本、現共産党、などの統治していた時代を経験して、最低なのは共産党だ！　と常日頃言っていた」と述べていた。

そんな中で来日当初いつも『神風特攻隊母への手紙』を読んでいた大学院生に、なぜ我が国の学生でもあまり読むことのない本を、手にしたのかを聞いてみると、「中学と高校生の時、体育館に全校生徒を集めて、見せられた映画が『神風特攻隊』でした。上映の前に先生から、この映画は『愛国心』の最高の姿だと教えられました。いまだに思い出すのは、マフラーをたなびかせ、敬礼しながら飛行場を飛び立って行くシーンです。日本に来て、日本の方の真情を知るには、死を前にした神風特攻隊員の気持ちを知ることが、一番よいと思ったからです」と語ってくれた。

当時、中国政府は我が国に対して「軍国主義の復活」などと声高に叫ぶことも、たびたびある中で、中国の中・高校生に我が国の「神風特攻隊」の映画を見せることなど、信じることができず、ほかの中国人留学生に聞くと「私も見た」「僕も見た」と、聞いた全員が同じように回答した。

このことからも、中国が我が国を批判する軍国主義の象徴とも言える「神風特攻隊」の映画も、利用できるのであれば何でも利用するという実利主義の事態が垣間見えてくる。我が国でも「愛国心」の最高の姿として「神風特攻隊」の映画を教材にしてはどうか。それなら中国は批判できないであろうし、ぜひ実現してほしいものである。

洪懋祥中将（支那事変当時の中国国民党軍）の証言

南京攻略戦問題の日中間で論争が、いつまでも噛み合わない原因は、当時の当事国が、日本と中国国民党政府の戦いだったからという点がある。では現在の中国共産党は、南京攻略戦へと進む支那事変をどのように見ていたのか。毛沢東・中国共産党主席（当時）の発言が重要である。

昭和三十六年、社会党の佐々木更三委員長が「中国国民に多大の損害をもたらして申し訳ない」と挨拶したところ、毛主席は「何も申し訳なく思うことはありませんよ、日本軍国主義は中国に大きな利益をもたらしました。中国国民に権利を奪取させてくれたではないですか。皆さん、皇軍の力なしには我々が権利を奪うことは不可能だったでしょう。」（『毛沢東思想万歳』下）と述べている。

毛沢東からすれば、日本が中国国民党軍と戦ってくれたので中国共産党に利益がもたらされたということにある。しかし、日本国内で「南京大虐殺」があったあったと報道してくれるのであれば、利用できるものは何でも利用するというやり方で、南京問題を政治カードに使っているということであろう。

となれば南京攻略戦の真相を知っているのは、やはり日本軍と戦った国民党の軍人ということになる。南京攻略戦当時、上海、南京、杭州地区司令官で、また通信連絡司令官でもあった洪懋祥《ホーモウジャ》中将（南京戦当時）という人物がいることを中国人の友人から教えられた。洪中将の経歴を見ると、南京攻略戦当時、南京の情報が洪中将に集まっていたものと考えられる。その中国人によると「洪中将は、蔣介石とともに台湾に移り、国防長官を歴任した後、米国に移住した」とのこと。

今から十数年前、米国ヒューストンに住んでいた洪中将に連絡できる中国人の知人がいた。筆者は「日中間の歴史問題が二十一世紀の日中友好の最大の妨げになると思われます。北京政府は南京で三十万人が虐殺されたなどと問題にしてますので、ぜひ、真相を教えていただきたい……」との趣旨の手紙を中国文に訳してもらい、洪中将に出してもらった。

知人の中国人に連絡して来た洪中将の回答は、「米国もケネディー暗殺の真相を明らかにしていない。南京大虐殺の真相を明らかにすると漢民族の利益にならない」とのことであった。

これが中国人の歴史観といってよい。歴史的事実より、何が中国人にとって利益になるかということである。

日本人は、南京大虐殺といわれると「それはない」と思いつつも、どこか心が晴れない人も多いと思う。もしその心が、当時の朝日新聞の報道記事によって晴れるなら、どんなに日本人の救いになることか。

それがあって真の日中友好の道も開かれるというものである。

そしてそのキー・ポイントは、中国が日本に対して歴史問題を持ち出しても、中国の利益にならないことを強く知らしめることにある。

もう、いつまでも謝罪を続けている時ではない。

あとがき

南京事件について、その誤解を何とかして解きたい。長年、私の心に持ち続けてきた願いです。

この度、昭和五十九年に刊行され廃刊になっていた『南京虐殺の虚構』をもとに、私のその後の記述と、若き同志・水間政憲氏の論文を加えて、装いをあらたに本書を出版することになりました。

南京攻略戦の貴重な資料としてより多くの人に見ていただき、熟思再考の機会になればこれに優れる喜びはありません。

なにせ高齢の私、一人で進めることのできる作業ではありません。計画立案をふくめて労を厭わず協力していただいた水間政憲氏、並びに出版にこぎつけてくれた斎藤信二氏に深く感謝する次第です。

日本人の心から一日でも早く、「南京大虐殺」から解放されることを願ってやみません。

平成十五年四月吉日

武蔵野の寓居にて

田中　正明

著者略歴

田中正明（たなか　まさあき）
明治44（1911）年、長野県に生まれる。飯田高校を経て興亜学塾に学ぶ。昭和８年大亜細亜協会勤務。アジア独立運動に尽力。16年大日本興亜同盟に勤務。応召（中支那野戦兵器廠勤務）。21年帰還。南信時事新聞編集長。28年より世界連邦建設同盟事務局長。財団法人国際平和協会理事。拓殖大学講師を経て、現在評論家として著述に専念す。
著書　『パール判事の日本無罪論』小学館文庫
　　　『アジア独立の道』展転社
　　　『國、亡ぼす勿れ』展転社

水間政憲（みずま　まさのり）
昭和25（1950）年北海道生まれ。慶應大学法学部政治学科専攻。近現代史（GHQ占領下の政治・文化）を中心にテレビ報道、新聞の調査研究を行っている。

朝日が明かす中国の嘘

平成十五年五月三十一日　第一刷発行

編著者　田中正明
発行者　高木茂男
発行所　株式会社　高木書房
東京都千代田区飯田橋四—三—八
東日本飯田橋ビル六F
郵便番号　一〇二—〇〇七二
電　話　〇三—五二七六—六〇五〇
FAX　〇三—五二七六—五八五九
振　替　〇〇一一〇—九—一〇〇〇七
印刷・製本　日本ハイコム株式会社

ISBN4-88471-055-X